Fluchtrucksack Ratgeber

Bereit, wenn Du packen musst!

Niclas Seiters
& Michel Berger

Survival & Mind Academy Kompaktratgeber
Fluchtrucksack Ratgeber
Bereit, wenn Du packen musst!
Autor: Niclas Seiters
Einbandgestaltung: Michel Berger

Bildnachweis: pixabay.com; unsplash.com

Bibliografische Information der Deutschen Nationalbibliothek: Die Deutsche Nationalbibliothek verzeichnet diese
Publikation in der Deutschen Nationalbibliografie; detail-
lierte bibliografische Daten sind im Internet über dnb.de
abrufbar.

© *2022 - Niclas Seiters & Michel Berger*
Herstellung und Verlag:
BoD – Books on Demand, Norderstedt

ISBN: 9783756839162

Inhaltsverzeichnis

Einleitung

Viele Menschen, die sich mit Prepping und Out-
door-Survival auseinandersetzen, stoßen früher
oder später auf das Thema „Fluchtrucksack" bzw.
das Thema der Flucht und dafür benötigter Grund-
ausstattung im Allgemeinen. In heutigen Zeiten,
wo wir mit Naturkatastrophen, Terroranschlägen,
menschen- und lebensfeindlichen geopolitischen
Agenden, Blackouts oder auch Kriegsszenarien potentiell jederzeit konfrontiert werden könnten,
rückt die Dringlichkeit der Vorbereitung auf ein
Fluchtszenario in immer greifbarere Nähe und
wird zunehmend mehr Menschen bewusst.

Doch kaum wird darüber geredet, oder informiert, was ein solches Szenario in der Regel eigentlich bedeutet.

Es handelt sich dabei mehr oder weniger, um den absoluten „worst case", eine der intensivsten und weitreichendsten Extremsituation, die man sich vorstellen kann. Es ist weder ein Spaziergang, noch eine Wanderung, noch in irgendeiner Weise ein gewöhnliches Outdoor-Szenario, was einen im Falle einer Flucht erwartet und somit auch alles andere als leicht durchzuziehen. Je nach individueller Ausgangslage, Ausgangspunkt und Ereignis, was zur Flucht veranlasst, herrschen höllisch gefährliche und höchst bedrohliche Zustände, die einer besonderen Vorbereitung bedingen, um diese überhaupt ansatzweise heil überstehen zu können. Neben der körperlichen und mentalen Vorbereitung und dem regelmäßigen Training in beiden Bereichen, spielt hier auch die richtige Ausrüstung eine essentielle Rolle.

Jegliche Ausrüstung, die du hast, bietet dir Sicherheit, Komfort, Energie- und Zeitersparnis.

Bedenke, du kannst zwar erahnen, aber nie genau wissen, wie die tatsächliche Situation sich im Ernstfall darbieten wird.

Alles, was dir die Lage vereinfacht oder dich mit zusätzlichen Optionen segnet, ist daher mehr als zu begrüßen.

Ob es ein großangelegter Stromausfall, ein Bürgerkriegsähnlicher Zustand, eine Naturkatastrophe oder Hunger und Armut sind, die dich zwingen ein Gebiet zu räumen und das Weite zu suchen, ist erst einmal nebensächlich. Du befindest dich dann ganz sicher in einer äußerst gefährlichen Situation und alles, was du an Ausrüstung noch bei dir haben wirst, könnte das letzte sein, was du hast, um dir und deinen Lieben das Überleben zu sichern.

Ich sage das deshalb so drastisch, weil es den meisten Menschen nicht ansatzweise bewusst ist, was der Ernstfall, wenn du fliehen musst, eigentlich bedeutet und um herauszustellen, wie absolut wichtig es ist, spekuliert man auf eine Flucht, sein Equipment mit höchster Sorgfalt vorzubereiten, solange es noch möglich ist.

In einem solchen Fall wirst du auch nicht alleine derjenige sein, der die Flucht oder andere Maßnahmen ergreift und Gesetzlosigkeit, Plünderungen, Gewalt und Hass sind Variablen, die allerorts ihren Tribut zollen und dann deine Strategie maßgeblich mitbestimmen werden – auch das sollte dir bewusst sein.

Dieses Buch behandelt das Thema der Konzeption eines ordentlichen Fluchtrucksacks und was in diesen mindestens hineingehört, dargestellt anhand eines bewährten und ganzheitlichen Konzeptes, welches von unseren langjährigen Erfahrungen im Survival- und Outdoorbereich inspiriert ist.

Dieses Konzept, für ein „mobiles Hauptquartier", dass dir im Ernstfall den grundlegenden Komfort und eine gewisse Normalität und Lebensqualität ermöglichen soll, falls alle Stricke schon gerissen sind und du die Flucht ergreifen musst, wird dir im Notfall von höchstem Nutzen sein und soll dir als Grundlage dienen, damit du dich effektiv selbstständig vorbereiten kannst.

Dieser Ratgeber vermittelt dir verlässliche Informationen, welche dich in der Vorbereitung unterstützen werden und die du brauchen wirst, um den zu erwartenden Widrigkeiten effektiver trotzen zu können, indem du in die Lage versetzt wirst, dir dein nötiges Equipment professionell zu kompilieren.

Dein persönliches „Flucht-" oder „Überlebensrucksacksystem" sollte stets die wichtigsten Hilfsmittel und Utensilien enthalten, die du in Extremsituationen benötigst, um zu überleben und dich mit den wichtigsten Dingen autark in der Natur versorgen zu können – und das, unabhängig vom jeweiligen Szenario.

Es muss also allgemeingültig taugliche Ausrüstung umfassen und dir die Möglichkeit bieten, dir bedarfsgerecht Hilfsmittel und Lösungen improvisieren zu können, sowie dich mit dem auszustatten, was du realistisch gesehen mindestens benötigst, um dir in jeder Lage zu helfen, dein Überleben zu sichern.

In diesem Buch lernst du, worauf es bei der Konzeption eines „Fluchtrucksacks" („Bug-Out-Bags") ankommt und worauf du achten solltest. Du findest hier zahlreiche Tipps und Tricks, sowohl was die Wahl der Ausrüstung, als auch was den Rucksack selbst anbelangt.

Du wirst eine genaue Vorstellung davon bekommen, was eine vollständige Überlebensausrüstung alles beinhalten könnte oder mindestens beinhalten sollte und wirst in der Lage sein, deine eigene Ausrüstung nach deinen individuellen Bedürfnissen zu planen bzw. auf deine Situation und Fähigkeiten zugeschnitten, vorzubereiten.

Das Thema Fluchtrucksäcke bzw. "Bug-Out-Bags" ist in aller Munde. Die Menschen machen sich Sorgen, um die wirtschaftliche und politische Lage, sowie um ihre Perspektiven darin und malen sich zu Recht, düstere Zukunftsszenarien aus.

Während sich „Prepping" und Krisenvorbereitung seit Jahren wachsender Beliebtheit erfreuen und die Zahl derer, die sich über solche Themen Gedanken zu machen beginnen, ständig wächst, ist vielen immer noch nicht klar, wie überaus wahrscheinlich im Ernstfall auch ein Flucht-Szenario ist und welche bedeutende Rolle das Nämliche im Rahmen einer ganzheitlichen Krisenvorsorge spielt. Die Vorbereitung auf den "Bug-Out" ist genauso grundlegend wie jene auf den "Bug-In", also das was für gewöhnlich unter Prepping bzw. Krisenvorbereitung verstanden wird, nämlich das Überdauern von Krisen im eigenen Zuhause oder in vertrauten Gefilden, wo du über jede Menge Ausrüstung und Komfort verfügen kannst.

Daran ist wenig auszusetzen und darum geht es auch nicht, es ist nur einfach äußerst wichtig, auch einen Bug-Out-Plan zu haben, damit die heimische „Festung" nicht plötzlich zu einer Falle wird.

Hierfür ist ein entsprechendes Equipment unerlässlich und sinnvoller Weise in Form eines Rucksacks und ähnlichem vorzubereiten.

Was gehört in so einen Rucksack eigentlich hinein? Und warum?!

Fragen über Fragen fluten das Internet. Fragen danach, was in so einen Rucksack hineingehört, warum und wieso, wie es anzuwenden ist oder auf welche Situationen man sich wie und womit am besten vorbereiten könnte.

Es gibt zwar einige Dinge, die man durchaus verallgemeinern kann. Jedoch obliegt die letztendliche Auswahl der Ausrüstung der Verantwortung und Zielsetzung des Einzelnen, also dir als Individuum. Auch, da z.B. die situativen Anforderungen, die individuellen Bedürfnisse, der Stand des Survivalwissens und diverse Fähigkeiten, individuelle Faktoren sind, die jeder selbst am besten einschätzen und in seine Vorbereitung mit einbeziehen kann.

Die Anforderungen in der Stadt unterscheiden sich zudem gravierend von jenen auf dem Land. In Ballungsgebieten ist die Fluchtdurchführung oft die größte Herausforderung, das haben dutzende Krisen der letzten Jahrhunderten eindrücklich bewiesen. Das bedeutet, dass du im Falle eines sich anbahnenden Fluchtszenarios vielleicht gar nicht so einfach aus dem Gebiet herauskommst, in dem du dich gegenwärtig befindest und somit vielleicht besser schon vorab deinen Wohnort wechseln solltest. Dies ist ein Rat, den ich nicht oft genug formulieren kann, da es auf dem Land ganz andere Möglichkeiten der Selbstversorgung und unabhängigen Lebensweise auch in der kulturlandschaftlichen Natur gibt, als in Städten.

Aus den genannten und auch einigen weiteren Faktoren entwickelt sich letztlich der individuelle Bedarf an Ausrüstung im persönlichen Fluchtrucksack.

Jemand, der wenig Verständnis und Erfahrung im Überleben in der Wildnis mitbringt, tut gut daran, etwas mehr Ausrüstung oder besonders gute einzuplanen, als jemand, der sich auch bloß mit einem Messer und seiner Kleidung am Leib ausgestattet, draußen in der Natur sehr gut zu Recht findet.

Egal, wie gut man bereits trainiert und mental vorbereitet ist, der Luxus guter Ausrüstung macht jede Situation etwas einfacher, spart Energie, Zeit und Nerven, die man in Notsituationen dringend braucht!

In den folgenden Abschnitten, wird es vor allem darum gehen, dir zu zeigen, welche Punkte du bei der Erstellung deines "Bug-Out-Bags" berücksichtigen solltest. Damit wirst du selbst herausfinden können, welche spezielle Ausrüstung du jeweils und zusätzlich benötigst oder eben nicht.

Wenn du die Grundsätze einmal verinnerlicht hast, wird es dir leicht fallen eigene Überlebenssysteme zu entwickeln, die deinen Bedürfnissen dann optimal entsprechen.

Wie wird ein Fluchtrucksack bzw. "Bug-Out-Bag" (B.O.B) nun sinnvoll strukturiert?

Ein ordentlich zusammengestellter Fluchtrucksack sollte dir alles Nötige zum Überleben in der Natur während einer Krisensituation bereitstellen.

Ferner sollte dein Überlebenssystem auf eine Einsatzdauer von mindestens einer Woche, besser 2 Wochen abgestimmt sein. Die üblichen 48-72 Stunden sind meiner Ansicht nach lebensgefährlich zu gering kalkuliert und vermitteln eine völlig falsche Sicherheit.

Denn du kannst nie wissen, wie lange die Flucht tatsächlich andauern wird bzw. wie lange du dein Zuhause verlassen musst (vielleicht für immer!) und je mehr Zeit du gewinnst, umso besser. Außerdem ist keinesfalls sicher einschätzbar, wie sich die Lage unterwegs auf deiner gewählten Fluchtroute entwickeln wird.

Immerhin lässt sich mit etwas Struktur und Planung ein Bug-Out-Equipment so zusammensetzen, dass sich das Gewicht optimieren lässt, es trotzdem das Wichtigste enthält und es dir dann wirklich helfen kann.

Wichtig ist bei der Konzeption eines solchen Rucksacksystems, die grundlegenden Überlebensprioritäten vor Augen zu haben.

Dies wichtigsten sind:

- **Sicherheit/ Rettung,**
- **Witterungsschutz/ Trockenheit/ Wärme,**
- **Feuer machen,**
- **Wasser zum Trinken und Waschen,**
- **und Nahrung.**

Hinzukommt die adäquate Einschätzung eventueller objektiver und subjektiver Gefahren im jeweiligen Terrain und hinsichtlich der allgemeinen Situation, sowie die Berücksichtigung eigener Voraussetzungen im Hinblick auf die geplante Fluchtdurchführung.

Außerdem spielt in Sachen „Fluchtrucksack" immer auch das finale Gewicht eine buchstäblich tragende Rolle!

Du musst unter Umständen weit damit laufen und bestenfalls flexibel und agil im Gelände agieren können.

Um den oben genannten Ansprüchen im Handumdrehen gerecht werden zu können, widmen wir uns, bevor es an das Equipment an sich geht, erst einmal der „allgemeinen Rucksacktheorie"! Denn sowohl die Wahl des Rucksacks, als auch einige Feinheiten bezüglich des Umgangs mit deinem Tragesystem sollten wenigstens grundlegend bedacht sein.

RUCKSACKTHEORIE
Den richtigen Rucksack Finden!

Es gibt hunderte brauchbare Rucksäcke auf dem Markt, da fällt die Auswahl alles andere als leicht. Unabhängig vom geplanten Inhalt des Rucksacks, der natürlich genügend Platz und sinnvollen Stauraum bereitstellen muss, solltest du immer den bestmöglichen Rucksack kaufen, den du dir leisten kannst. Das Teil muss alles können und aushalten, was dich und ihn erwarten wird. Ein kaputter Rucksack kann zwar, je nach Schaden, noch repariert werden, doch wird früher oder später seinen Anforderungen nicht mehr gerecht werden können.

Bist du dann noch nicht in Sicherheit und musst deines besten Tragesystems entbehren, wird das eventuell ein sehr großes Problem darstellen. Normalerweise kann man es sich im Ernstfall nicht erlauben die Ausrüstung zurückzulassen. Auch ein Ersatzrucksack ist nicht so einfach zu fertigen.

Du würdest viel Zeit in dem Gebiet bleiben müssen, indem dein Rucksack kaputt gegangen ist, bis du Improvisationen für den Weitertransport deiner Gegenstände geschaffen haben wirst. All das lässt sich gut vermeiden, indem du gleich in einen richtig guten Rucksack investierst und keine Billigware akzeptierst. Das sollte sich übrigens als

Grundsatz für jegliche Ausrüstung in deinem Mindset verankern, denn billige Ausrüstung, die nicht hält, was sie verspricht, kann im Ernstfall tödliche Konsequenzen haben.

Deine taktische Basis

Der Rucksack bildet das taktische Fundament für dein persönliches Outdoor-Überlebenssystem. Er beherbergt also deine Ausrüstung, die dein Überleben sichert, dich ernährt und wärmt. Es macht somit Sinn einen Rucksack zu wählen, dem du voll und ganz vertraust. Diesem solltest du zutrauen, das Gewicht deiner Ausrüstung auszuhalten, während er dir den Tragekomfort ermöglichen sollte, dass du es auch schaffst, dieses Gewicht über gewisse Strecken zu transportieren.

Ich empfehle dir, die Größe deines Rucksacks so zu wählen, dass du damit vernünftig umgehen kannst und dort keine Kompromisse einzugehen. Bist du z.B. ein Einzelkämpfer der Bundeswehr, wirst du über einen 20 Kg Rucksack mit 100 Liter Volumen vielleicht noch schmunzeln, während andere, untrainierte Menschen dabei bereits ernsthafte Schwierigkeiten bekommen.

Finde daher einen Rucksack, der dir genug Stauraum und Tragekomfort bietet, bei dem du die Gewissheit hegst, dass du diesen Rucksack mit entsprechendem Inhalt einigermaßen gut transportieren kannst. Fitnesstraining und Übungen mit diesem Gepäckstück helfen deinen Körper für Ernstfälle auf die entsprechenden Strapazen vorzubereiten. Wanderungen sind hier ein probates Mittel realistische Marschsituationen zu simulieren.

Du musst mit deinem Rucksack womöglich 10, 20, 50 oder sogar 100 Kilometer zurücklegen können (eventuell sogar viel mehr), ohne an irgendwelchen Gebrechen vorzeitig zugrunde zu gehen.

Achte also nicht nur auf den besten Rucksack, der deinem realen Bedarf entspricht, sondern genauso auf das richtige Schuhwerk!

Mache dir also sorgfältig Gedanken über den für dich richtigen Rucksack und entscheide nach realistischen Kriterien sowie nach deinen konkreten Bedürfnissen.

Probiere am besten mehrere Modelle aus. Wenn du Mitstreiter hast, oder welche „rekrutieren" kannst, lassen sich Lasten gut aufteilen und mehr Equipment aufnehmen, als du alleine tragen kannst. Solange noch Zeit ist, lohnt es sich für den

Fall einer Flucht Kooperationen aufzubauen. Allerdings hat sowohl die Flucht allein als auch im Team diverse Vor- und Nachteile.

Die richtige Bekleidung als Teil der Ausrüstung

Bevor es nun näher um deinen Rucksack gehen wird, möchte ich noch kurz auf deine Bekleidung zu sprechen kommen. Diese ist ebenfalls ein essentieller Bestandteil deiner Ausrüstung und von äußerster Wichtigkeit für den Erfolg deines Gesamtkonzeptes hinsichtlich eines Fluchtszenarios. Deine Bekleidung sollte mit besonderer Sorgfalt ausgewählt werden. Überprüfe bei deiner Kleiderwahl daher mindestens die folgenden Punkte in aller Ruhe:

- o **Verarbeitung** (= Einhaltung gewisser Qualitätsstandards; z.B. saubere Nähte etc.)
- o **Witterungsschutz** (= beispielsweise vor Nässe, Wind, Kälte, Hitze oder Sonnenstrahlung)
- o **Bequemlichkeit**
- o **Material** (Qualität, Robustheit, Reißfestigkeit, Wasserdichte. Atmungsaktivität etc.)

- **Stauraum und Funktionalität** (= Platz für zusätzliche Ausrüstung, Taschenaufteilung, Reiß- und Klettverschlüsse, Zugbänder usw.)
- **Tarnfähigkeit** (= wichtig unter Fluchtbedingungen! Sowie eventuell bei der Aufklärung unbekannten Terrains und als zusätzlicher Schutz vor Bedrohungen aller Art.) Reflektierende Leuchtstreifen beispielsweise, mögen im Straßenverkehr unter Normalbedingungen irgendwo Sinn machen, sind aber bei einer Flucht absolut nachteilig!

Diese Qualitätskriterien gelten natürlich auch für dein Schuhwerk.

Nur ein Kleidungsstück, das in allen aufgeführten Punkten für dich persönlich zufriedenstellend ist, sollte in die engere Auswahl deiner Survivalausrüstung gelangen.

Bedenke auch plötzliche Wetterwechsel und sorge dafür vor, dass du im Stande bist, jeder zu erwartenden Witterung zu trotzen. Besonders die Oberbekleidung ist unter Umständen stark strapaziert, sie sollte optimal sein.

Bei Platz im Rucksack ist auch an Wechselkleidung zu denken (vor allem an Ersatzsocken, -Unterwäsche, oder einen zusätzlichen Pullover oder ähnliches, gegen unerwartete Kälteeinbrüche oder bei Nächten im Freien ohne Feuer zum Wärmen).

Die Ausstattung deines Tragesystems

Im Folgenden ein paar wichtige Faktoren, auf die du bei einem Rucksack achten solltest, damit er sich optimal als Überlebenssystem ausrüsten lässt!

- **Größe und Kapazität**

    Die optimale Größe deines Rucksacks richtet sich zwar nach deinem Equipment, deinen Bedürfnissen und den realen Anforderungen der jeweiligen Situation, aber dennoch haben sich in der Praxis ein Mindest-Rucksackvolumen von ca. 40 Litern, besser 60 – 80 Litern sehr gut im Rahmen von Fluchtrucksacksystemen bewährt, die auf Zeiträume von bis zu 2 Wochen ausgelegt sind. Bei diesen Rucksackgrößen erhältst du dir eine relativ gute Beweglichkeit im Gelände. Für einschnelle Flucht eignet sich ein kompakter Rucksack besser als ein Großer. Letzterer ist aber sicherlich besser geeignet, wenn du viel Ausrüstung mitführen musst oder willst, dann eventuell verbunden mit Abstrichen in der Beweglichkeit, die wiederum soweit möglich minimiert sein sollten.

Außerdem spielt dein Survivalwissen bezogen auf die sinnvolle Größe des Rucksacks eine erhebliche Rolle. Je mehr du weißt und kannst, umso weniger Ausrüstung brauchst du theoretisch zum Überleben in der Praxis. Hier lässt sich viel Platz und Gewicht sparen.

Plane dein Rucksacksystem am besten grundsätzlich so, dass es unabhängig von der Jahreszeit oder der Witterung eingesetzt werden kann. Dies erreichst du besonders gut in Kombination mit der Kleidung, die du am Körper trägst. Eine andere Methode wäre, regelmäßig Jahreszeiten entsprechende Kleidung beim Rucksack deponiert zu halten, die du wiederum bestenfalls vor dem Aufbruch anlegst oder anderweitig mitnehmen kannst.

Hier wäre über eine besonders dicke und robuste Outdoor Winterjacke, Handschuhe oder eine Mütze nachzudenken, wie auch über die Auswahl des Schuhwerks abzuwägen. Auch hier gilt möglichst multifunktionale, sehr robuste und naturfarbene Kleidung zu bevorzugen.

- **Belastbarkeit und Materialeigenschaften**

  Strapazierfähiges, reißfestes, wasserabweisendes (oder gar wasserdichtes) Material (z.B. Ardura 1000; Cordura 700 oder ähnliches). Je hochwertiger das Material, umso besser für dich und desto länger wird dein Rucksack voraussichtlich realistischen Bedingungen standhalten!

- **Farbauswahl**

  Naturfarben sind in der Regel besser als Tarnfarben! Hier gilt, je unauffälliger desto besser. Finde idealerweise die Synthese zwischen Tarnwirkung bei gleichzeitig zivilem Auftritt. (Oliv-) grün, khaki, braun, schwarz oder dunkelgrau, eignen sich gut als naturnahe aber zivil anmutende Tarnfarben.

- **Nutzung des Stauraums**

    Die Taschenaufteilung im Innern des Rucksacks ist sehr wichtig und begünstigt eine strategisch sinnvolle Unterbringung deiner Ausrüstung. Abnehmbare Taschen können sinnvoll sein, sind aber meines Erachtens nach keine Bedingung für eine Kaufentscheidung.

    Um in deinem Rucksack Ordnung halten zu können und alles schnell griffbereit zu haben, ist es sinnvoll deine Ausrüstung in Systemen einzuteilen und jeweils einzeln zu verpacken.

    Ich nutze beispielsweise Kunststoffboxen, Taschen, Zip-Beutel, Stoffbeutel und Säcke für die Unterbringung meines Equipments innerhalb des betreffenden Rucksacks.

    Jedes System setzt sich bei mir aus aufeinander bezogenem Equipment einer oder mehrerer Kategorien zusammen.

    Dein Feuer System enthält beispielsweise alles, was du zum Feuer machen benötigst. Dein Kochsystem alles, was du zum Kochen und Essen benötigst und so fort.

Dein Wassersystem zum Beispiel Trinkwasser, Gefäß (z.b. Edelstahlflasche), Was-
serfilter, Mittel zur Wasseraufbereitung
(z.B. Wasserreinigungstabletten). Wenn
du deine Ausrüstung entsprechend zu-
sammengehöriger Kategorien ordnest und
darüber hinaus darauf achtest, dass du alles entsprechend der zu erwartenden Ver-
wendungshäufigkeit im Rucksack aufbe-
wahrst, sicherst du dir eine große Zeitersparnis und behältst immer die Übersicht.
Du musst nie lange suchen, hast alles
bestmöglich griffbereit und kannst jederzeit alles schnell wieder zusammenpacken
und weitermarschieren, sollte dies erfor-
derlich sein.

- **Tragesystem**
  Sinnvoll ist zum Beispiel ein Metall- bzw.
  Aluminium-Rahmen im Rückenteil, welches Komfort beim Tragen und Stabilität
  des Rucksacks, auch bei geringerer Füll-
  menge gewährleistet und „rückenfreundli-
  ches" Tragen der Last erleichtert.

Individuell verstellbare Trageriemen und Höhenverstellbarkeit des Rückenteils (z.B. „Vario-Back-System"; X1 Tragesystem etc.) für rückenschonendes Tragen auch schwerer Lasten über lange Strecken hinweg. Bestenfalls verfügt dein Rucksack über einen Bauch- bzw. Brustgurt oder beides, welche ebenso genau justierbar sein sollten.

- **Stabile Nähte und Reißverschlüsse.**
  Nähte und Reißverschlüsse gehören nicht selten zu den Schwachstellen eines Rucksacks, also prüfe sie sorgfältig.

- **Möglichkeiten zur Anbringung weiterer Ausrüstung außen am Rucksack.**
  Nicht grundlos sehr beliebt sind hier das bewährte „Molle-System" oder das sogenannte „Lasercut System". Hier kannst du mit Koppeln, Bindematerial und ähnlichem mit Leichtigkeit massig extra Ausrüstung montieren. Zum Beispiel einen Schlafsack, eine Isomatte oder eine Win-

terjacke, die manchmal im Rucksack etwas unpraktisch zu integrieren sind.

- **Kompressionsriemen an den Seiten, bestensfalls auch im oberen und unteren Bereich.** Diese dienen dazu die Ausrüstung fest- und damit enger an den Körper zurren zu können, was erheblich den Tragekomfort verbessert und zudem auch eventuelle Geräusche loser Ausrüstungsgegenstände im Innern minimiert.

Für deinen Rucksack solltest du dir zudem eine Option überlegen, um diesen und seinen wertvollen Inhalt vor Nässe zu schützen, sollte das Material an sich es nicht schon leisten können. Generell gilt, sicher ist sicher!
Investiere beispielsweise in eine wasserdichte Rucksackhülle, die du irgendwo in deinem Gepäck unterbringst! Alternativ dazu ist ein Regenponcho eine Überlegung wert. Diese Ausgabe lohnt sich auf jeden Fall. Wie du deine Sachen am Ende vor Nässe schützt, ist dir überlassen, Hauptsache, du machst es irgendwie! Nasse und dadurch unbrauchbare Ausrüstung ist nicht in deinem Interesse.

Ich vergleiche einen Rucksack immer gerne mit einem „mobilen Hauptquartier". Er beinhaltet dort draußen fast deinen gesamten Besitz und nahezu alles, was du in der Wildnis zum Überleben benötigst, er ist Dreh- und Angelpunkt deiner täglichen Operationen. Kaufe dir in jedem Fall den besten Rucksack, den du dir leisten kannst.

Verfahre idealerweise immer so mit deiner gesamten Ausrüstung. Auch wenn bestimmte Ausrüstung häufiger benutzt wird als andere, ist letztlich jedes einzelne Teil deines Equipments wichtig.

Nicht immer ist der Preis ein Kennzeichen für die beste Qualität. Oft aber tatsächlich ein gewisser Indikator. Orientiere dich bei der Wahl deines Rucksacks an bewährten Top-Marken, die professionelles Equipment für Militär, Polizei, Rettungskräfte und den Outdoorbereich herstellen.

Es gibt natürlich noch viele gute Marken und auch im unteren Preissegment gibt es durchaus brauchbares Equipment. Versuche einfach das optimale Preis-Leistungsverhältnis für dich zu finden und lasse dir Zeit für eine sorgfältige Entscheidung. Kundenrezensionen können ein Anhaltspunkt geben, ob du bei einem Ausrüstungsgegenstand gut oder eher schlecht beraten bist, sollten aber auch nicht das alleinige Kriterium sein, an dem du dich ausrichtest.

Ein weitere wichtige Frage ist:

Wie packt man einen Rucksack richtig?

Du wirst vielleicht denken, was ist das denn für eine Frage? Ich werde meinen Rucksack schon irgendwie vernünftig packen...

Je nachdem, wie viel Erfahrung du damit hast oder wie lange du dich schon damit beschäftigst, ist es sinnvoll auch hier nochmal genauer hinzuschauen und Tipps von Experten zu verwerten.

Es ist wirklich entscheidend, das Gewicht des Equipments im Rucksack so zu verteilen, dass der maximal mögliche Tragekomfort dabei entsteht. Denke daran, im Falle einer Flucht ist es überaus wahrscheinlich, dass du geplanter oder gezwungenermaßen weiter marschieren musst, als dir persönlich lieb ist.

Wer schon einmal richtig gewandert ist, wird wissen, wie essentiell die richtige Tragoweise und das vernünftige Packen des Rucksacks ist.

Hier ein paar Tipps dazu!

Den Körperschwerpunkt ausnutzen

Der Schwerpunkt des Rucksacks sollte dicht am Körper und möglichst in Schulterhöhe liegen. So befindet er sich immer über dem Körperschwerpunkt und der Rucksack zieht beim Tragen nicht nach hinten. Dies gilt vor allem für unkompliziertes Gelände.

In schwierigem Gelände hingegen, wie auf Hochtouren oder bei Steigungen, liegt der Lastschwerpunkt günstigerweise etwas tiefer und damit näher zum Körperschwerpunkt. Bei dieser Packweise läuft man zum Ausgleich zwar meist etwas mehr nach vorn gebeugt, aber man ist nicht so leicht aus dem Gleichgewicht zu bringen wie bei einem hohen Schwerpunkt. Vermeide es aber immer, den Schwerpunkt zu weit nach unten zu verlagern, wenn du deinen Rucksack packst. Der Rucksack zieht sonst zu stark nach hinten/ unten, weil sich dann der Rucksackschwerpunkt zu weit abseits vom Körperschwerpunkt befindet. Bei hohen

Gewichten wird das Laufen so schnell zur Qual, weil der Körper ständig gegen das Gewicht des Rucksacks arbeiten muss. Die Schultergurte belasten die Schultern dann ebenfalls mehr als nötig. In schwierigem Gelände kann die falsche Packtechnik demnach auch zu einem erheblichen Sicherheitsrisiko werden.

Packe deinen Rucksack z.B. nach folgendem Leitfaden:

1 Schlafsack, Daunenausrüstung und andere leichte Gegenstände kommen ins Bodenfach bzw. nach unten in den Rucksack. Bei kompakteren Rucksäcken entsprechend an die Seiten oder sollten unterhalb angebracht werden. Um Nachteile wie Hängenbleiben, größere Windangriffsflächen oder Nässe zu vermeiden, solltest du trotzdem stets so wenig Ausrüstung wie möglich außen und dabei so kompakt wie möglich befestigen (ordentlich festzurren).

2 Schwerere Ausrüstung – Werkzeuge, Zelt, Proviant, Trinkflasche – packst du im Rucksack möglichst nah an den Rücken und soweit möglich auf Schulterhöhe. Mittelschwere Dinge

sollten im ebenfalls weiter oben, aber vom Rücken weg im vorderen Teil des Stauraums untergebracht werden.

3 Kleinigkeiten sind im Deckelfach gut aufgehoben und so auch schnell erreichbar.

4 Verfügt dein Rucksack über Seitentaschen, solltest du auf die gleichmäßige Gewichtsverteilung achten.

Außer der richtigen Packweise, ist natürlich das Gesamtgewicht deiner Ausrüstung sorgfältig zu kalkulieren!

Dein gesamtes Gepäck sollte maximal 20 – 25 Prozent deines Körpergewichts betragen!
Dieses Gewicht kann ein relativ sportlicher Mensch über einen längeren Zeitraum tragen. Die deutsche Bundeswehr geht sogar von 33 Prozent aus, wobei hier die Touren mit Rucksack aber bekanntermaßen extrem anstrengend sind. Bestenfalls gelingt es dir, unterhalb der 20% Marke zu bleiben!

Rucksackreparatur

Wie kann man eigentlich einen Rucksack im Notfall reparieren?

- Flicken! (selbsthaftende Flicken für Textilien z.B. gehören in den gut sortierten Fluchtrucksack mit hinein. Diese können natürlich auch zum Reparieren von Kleidung genutzt werden).
- Nähzeug! (Klassisch und überaus effektiv, wenn man damit umzugehen weiß. Ferner verfügst du damit über reichlich Schnur, für unterschiedliche Zwecke, z.B. Angelschnur, Aufhängen zu trocknender Nahrung etc.).
- Kleber! (Sekundenkleber, andere wasserabweisende, starke Klebstoffe (auch gut für Schuhe geeignet!).
- Panzertape, Klebeband (Klassiker, der keiner Erklärung mehr Bedarf).

Verhalten bei Totalverlust der Ausrüstung

Wenn dein Rucksack, aus welchen Gründen auch immer (Diebstahl, Unfall etc.) verloren ist und mit ihm ein Großteil oder deine gesamte Ausrüstung, kannst du folgendermaßen verfahren:

- Ruhe bewahren, nicht in Panik geraten!

    Wenn du nervös wirst und deine Konzentration über Bord wirfst, sinkt die Wahrscheinlichkeit zeitnah brauchbare Lösungen zu finden dramatisch. Außerdem könntest du naheliegende Optionen schlicht übersehen oder gar nicht erst in Betracht ziehen. Im Panik-Modus ist dein Bewusstsein verengt und auf das „Problem" (Auslöser der Panik) fokussiert und deine kognitive Leistungsfähigkeit massiv eingeschränkt.

Empfehlenswerter ist ein nüchterner Situations-Check!

- Was ist dir geblieben? (z.B. deine Kleidung und was darin ist – bestenfalls hast du die Ratschläge in diesem Buch beherzigt und verfügst nun noch über ein Taschenmesser, ein EDC oder weitere Gegenstände). Checke dein übriges Hab und Gut gründlich durch und verschaffe dir einen genauen Überblick.

- Überprüfe deinen Standort. Wo bist du? Was ist in der Nähe? Was siehst du, um dich herum? Befindest du dich auf deiner geplanten Route?

- Kannst du dir aus der Umgebung Behelfe und Werkzeuge improvisieren? Findest du irgendwas brauchbares in deiner Umwelt? Gibt es beispielsweise nutzbare Gebäude (einen Schuppen oder ähnliches, wo du unterschlupfen könntest?), eine Höhle oder natürliche Ressourcen, die du nutzbar machen kannst (ein umgestürzter Baum beispielsweise bietet meist eine Wurzelhöhle oder eben den Stamm als Improvisationshilfe für ein Nachtlager)?

- Ist das Weitergehen eine realistische Option, oder solltest du vorerst an einem Ort in der Nähe bleiben? In welche Richtung und mit welchem Ziel, würdest du weitergehen? Gibt es unmittelbare Gefahren, an die du denken musst?

- Beachte auch stets die Überlebensprioritäten: Beispiel: Wie viel Tageslicht bleibt dir noch um die wichtigsten Dinge umzusetzen, um deine Sicherheit zu gewährleisten? (Ist es z.B. kalt, brauchst du weniger dringend Werkzeuge, als einen Unterschlupf und Wärme/ Feuer usw.)

Dieser Situations-Check soll dir verdeutlichen, wie du vorgehen kannst, wenn die Situation sich in beschriebener Weise verschlechtert hat und wie wesentlich es ist, einen kühlen Kopf zu behalten, wenn unvorhergesehene Dinge geschehen, die sich leider niemals ganz vermeiden lassen.

In der Regel kannst du in beschriebener Weise in den meisten Fällen brauchbare Lösungen entdecken und dann gezielt umsetzen.

Nachdem du dir so einen Überblick über deine Situation geschaffen und dich um deine grundlegende Versorgung gekümmert hast, kannst du damit beginnen, fehlende Ausrüstung und weitere Hilfsmittel zu improvisieren, die dir im Lager oder beim Weitermarschieren nützlich sein könnten. sowie dir gegebenenfalls ein neues Tragesystem zu konstruieren.

Nun weißt du alles Nötige um einen guten Rucksack für dich auszuwählen und auch, wie du diesen korrekt verwendest und im Notfall instandhalten kannst.

Als nächstes möchte ich dir ein hochwertiges Konzept präsentieren, das dir dabei helfen wird, die

perfekte Ausrüstung für deinen Bedarf zusammen-
zustellen.

Inhalte und Struktur des Ruck-
sacksystems

Die nun folgende Auflistung und Erörterung hilf-
reicher und wichtiger Aspekte entlang der Überlebensprioritäten, die du zu Anfang bereits kennen
gelernt hast und spezieller Gegenstände, die es
bei der Planung zu berücksichtigen lohnt, ist nicht
direkt hierarchisch zu verstehen. Alle Punkte sind
vielmehr als gleichgewichtig zu betrachten und
sollten jeweils sorgfältig durchdacht werden, um
das bestmögliche Überlebenssystem zu konfigu-
rieren!
Ich habe versucht, den Wust an Informationen,
Gegenständen und Anregungen für dich etwas zu
sortieren, indem ich möglichst übergeordnete Kategorien bzw. „Systeme" vorschlage.
Fangen wir an!

Werkzeug-System

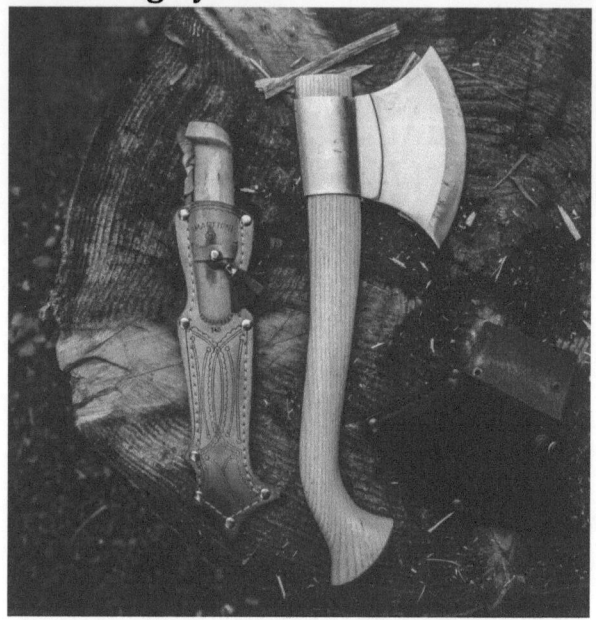

Das wichtigste Werkzeug ist wahrscheinlich für
Viele ein gutes „Überlebens-" bzw. „Einsatzmes-
ser". Damit kannst du in der Natur fast alles herstellen, eine Unterkunft bauen, Werkzeuge und
Behelfe improvisieren, Waffen konstruieren und
vieles mehr.

Du kalkulierst am sinnvollsten mehrere Messer für
unterschiedliche Aufgaben ein. Mit einem zweiten
Messer (vielleicht ein kompakteres Taschenmes-

ser mit zusätzlichen Werkzeugen?) hast du ein Backup und schonst die Klinge deines Hauptmessers.

Trage am besten immer ein Überlebensmesser wie ein Heiligtum eng und griffbereit an deinem Körper und zusätzlich mindestens ein weiteres in deinem Fluchtrucksack plus ein Extra-Taschenmesser als Backup.

Ein gutes Messer oder ein Multitool können zahlreiche Werkzeuge ersetzen bzw. bei Defekt oder Verlust ausgleichen.

Ziehe unbedingt auch Multitools in Erwägung (klassische Taschenmesser-Multitools, ein gutes altes „Schweizer Taschenmesser" oder auch ganz kompakt sowas wie sogenannte „Survival-Cards" etc.), da diese Vielzweckwerkzeuge unterschiedlichen Situationen sehr gut gerecht werden können und dir zusätzliche Sicherheit und Flexibilität im Einsatz bieten.

Du könntest auch einen Klappspaten, eine Axt oder gar ein Brecheisen benötigen, je nachdem was du vorhast und in welcher Situation du dich befindest. Nimm dir Zeit den realen Bedarf für die gegebenen Umstände sorgfältig abzuwägen.

Außerdem kann ich jedem nur empfehlen, eine Klappsäge einzupacken. Sie erleichtert die Holzverarbeitung ungemein und ist ein effizientes und langlebiges Werkzeug. Mit ihr lässt sich schnell genug Feuerholz gewinnen, als auch relativ leise umgehen! Die akustische Tarnung bei der Holzverarbeitung ist im Ernstfall wesentlich der Auffälligkeit des Hackens mit der Axt vorzuziehen. An diesem Beispiel sieht man auch wieder deutlich, worauf es unter Umständen zu achten gilt.

Zusätzliche Hilfsmittel wie Inbus- oder Sternschraubenschlüssel, Zangen, Tools zum schleifen deiner Klingen, Schraubenzieher, usw. sind ebenso sorgfältig abzuwägen. Ihr geringes Packmaß im Vergleich zu ihrem Nutzen rechtfertigen die Aufnahme von einigen kleinen Werkzeugen in das Grundgepäck und gewährt im Ernstfall zusätzliche Handlungsspielräume. Wenn du lieber auf Extra Werkzeuge dieser Art verzichten wollen würdest, nimm immer wenigstens grundsätzliches Werkzeug zum Reparieren deiner Hauptwerkzeuge mit! Einmal war ich im Wald und musste ein abgebrochenes Sägeblatt austauschen und dann einsehen, dass ich vergessen hatte das Werkzeug einzupacken, was zum Austausch des Sägeblatts wichtig ist. Sowas passierte mir glücklicherweise danach nie wieder! Im Ernstfall wäre dies mit Verlust oder Defekt meiner Säge gleichzusetzen gewesen.

Schlafsystem

Je nach Jahreszeit und Region, ist in den meisten Klimazonen ein effektiver Schutz vor der Witterung unerlässlich bis hin zu lebensnotwendig! Eine Unterkühlung beispielsweise kann auch in einer Sommernacht auftreten und dich in größte Gefahr bringen!
Das wichtigste und grundlegendste ist entsprechende Bekleidung, die du nach Bedarf aufstocken oder ausziehen kannst. Diese ist für jegliches

Fluchtszenario vorzubereiten und essentiell wichtig.

Eine sehr kompakte Lösung könnte ein wasserdichter "Survival-Bag" sein, ein Ganzkörpersack ähnlich einem Schlafsack. Allerdings ist das Material oft nicht gerade beständig oder robust und droht relativ schnell zu reißen. Ebenfalls wärmt er nicht besonders gut, wenn man sich allein darauf verließe und ist bei Minusgraden nur in Verbindung mit wintertauglicher Kleidung und innerhalb eines wenigstens provisorischen Unterschlupfs und einer zusätzlichen Wärmequelle halbwegs anwendbar. Immerhin hält er dich zusätzlich warm und vor allem trocken! So ein Notfallschlafsack dient aufgrund geringen Packmaßes und Gewichts eher als kleines Backup im Survivalrucksack. Eine Rettungsdecke kann ebenso helfen und platzsparend untergebracht werden und kann deinen Bedarf ergänzen oder aber als zusätzliche Isolation für Boden oder Dach deiner temporären Behausung dienen.

Auch beliebt und im Grunde sinnvoller, weil robuster und öfter wiederverwendbar, ist die Verwendung einer faltbaren wasserdichten Zeltplane („Tarp"). Das Gerüst oder die Befestigungsmög-

lichkeiten muss man dann vor Ort selbst improvisieren oder umliegende Möglichkeiten wie Bäume
benutzen. Das ist an den meisten Orten problem-
los machbar. So hat man ein mobiles wasserdichtes Zelt (wahlweise mit Tarnmuster, sicherheits-
halber wahrscheinlich lieber in Naturfarben. Zusätzliche Tarnung kann meist leicht improvisiert
werden), welches zudem nur ein äußerst geringes
Packmaß aufweist, da die Zeltstangen und ähnliches natürlich entfallen. Es gibt auch wasserdichte
Abdeckplanen (z.B. im Baumarkt), welche wie ein
Tarp über Ösen verfügen und sich analog verwenden lassen.
Kombiniert mit einer kleinen Hängematte lässt
sich mit so einem Tarpzelt oder einer Plane beispielsweise im Handumdrehen ein erhöhter und
überdachter Schlafplatz zwischen ein paar Bäumen herrichten.
Wer etwas mehr Platz im Rucksack hat und auf
Nummer sicher gehen will, der kann sich an ein
klassisches Zelt halten. Wichtig sind hierbei, den
optimalen Kompromiss zwischen Robustheit und
Nutzen des Zeltes und seinem Gewicht und Packmaß zu finden. Eventuell wieder keine ganz einfache Angelegenheit.

Den Hinweis auf naturnahe Zeltfarben oder gar Tarnmuster, bringe ich deshalb wiederholt, weil du innerhalb eines Fluchtszenarios eher nicht entdeckt werden willst und weil militärische Bedrohungen in der Umgebung darauf geschult sind, dich als Kombattant einzustufen und entsprechend auf dich zu reagieren bzw. dich gemäß der Einstufung als potentiell feindlicher Kämpfer zu behandeln!

Dein Zelt sollte zudem rasch auf- und abgebaut werden können, um im Gelände damit zeitsparend operieren zu können.

Feuer-System

Du brauchst immer ein Hilfsmittel mit dem du in jeder Lage und zu jeder Zeit effizient und schnell ein Feuer entfachen kannst. Ein Feuerstarter/ Feuerstahl ist eines der beliebtesten Tools zum Feuer machen und eine tolle Erfindung, die einen so gut wie nie im Stich lässt. Auch richtige Streichhölzer (also keine Sicherheitsstreichhölzer, sondern sogenannte „Überallzünder") und am wichtigsten mehrere Feuerzeuge sind bewährte Optionen, die man nur empfehlen kann und außerdem platzsparend und leicht untergebracht werden können.

Lagere dein Feuer-System wasserdicht im Rucksack, um es vor Feuchtigkeit zuverlässig zu schützen und es auch unter widrigen Wetterbedingungen einsatzbereit zu halten.

Für die Verhältnisse unter denen eine Flucht in der Regel stattfindet, das heißt zum Beispiel, Stress, Hektik, der psychologische und zeitliche Druck, Angst und Panik können Faktoren sein, mit denen man dabei konfrontiert wird. Hier ist jede Zeitersparnis und aller Komfort willkommen! Da aufwendige Suchen nach Zundermaterial und langwieriges Feuermachen und ähnliches, können dabei zu einer nervlichen Zerreißprobe verkommen. Chemische oder biologische Grillanzünder finden zudem auch in jedem Equipment Platz und erleichtern den Vorgang noch einmal wesentlich, wenn es schnell gehen muss.

Wasser-System!

Zwecks der Versorgung mit frischem Trinkwasser benötigst du z.B. einen mobilen Wasser-Filter für draußen, der den Anforderungen der Wirklichkeit gewachsen ist. Hier gibt es mittlerweile eine Unzahl an verschiedenen Modellen mit jeweils bestimmten Vor- und Nachteilen. Alternativ oder dazu, kannst du Wasserreinigungstabletten gebrauchen. Diese gibt es wahlweise auf chlor- oder silberionenbasis in Tabletten und auch Pulverform. Diese Mittel sind sehr effizient und in der Anwendung sicher.

Außerdem ein Trinkgefäß, das dir auch hilft, überhaupt Wasser zu transportieren bzw. zu sammeln. Bestenfalls ist es aus Edelstahl, Titan, aus Eisen oder Aluminium. Ein Feuerfestes Trinkgefäß kann unterwegs auch praktischen Einsatz beim Aufwär-

men einer Mahlzeit, sowie beim Kochen eines Eintopfes oder einer Suppe finden.

Plane 1 Edelstahl-Trinkbecher dazu ein und als Notfallalternative packe dir zusätzlich ein paar

Plastikbeutel ein, die du zum Transportieren von Wasser oder als Trinkbeutel verwenden kannst.

Kochsystem und Nahrungsration

Natürlich brauchst du unterwegs ein System zum Kochen und insgesamt eine unkomplizierte, effiziente und kompakte Ausstattung für deine tägliche Verpflegung. Eventuell hast du genug Platz in Deinem Fluchtrucksack für einen kompakten Gaskocher. Mit einer Gaskartusche kann man mit manchen Modellen bis zu 2 Wochen täglich 1-2 Mahlzeiten zubereiten. Interessant daran ist auch, dass Gaskocher wenig Licht abgeben und kaum zu hören sind und auch fast kein Rauch entsteht. Insgesamt sehr gut zur allgemeinen Tarnung geeignet.

Als Kochgefäß taugt letztlich alles aus Edel-Stahl. Aluminium geht auch, ist aber qualitativ nicht vergleichbar. Ein 500ml Metallbecher oder ein einfaches militärisches Geschirrset reichen in der Regel für eine Person völlig aus.

Es gibt umfangreichere und einklappbare Camping-Geschirrsets mit allem drum und dran. Viele davon sind sehr gut geeignet und ich kann sie aus Erfahrung empfehlen! Denke auch an sowas wie „Spülmittel", einen Schwamm, eine Bürste und vielleicht noch ein Tuch zum Abtrocknen. Denn du musst dein Geschirr unterwegs auch vernünftig reinigen können.

Was die Nahrung anbelangt, bleibt deiner Fantasie bezüglich einer Ration kaum eine Grenze gesetzt. Klassische Energieriegel oder gleich NRG-5 Riegel sind eine bewährte Wahl. Ebenfalls zu empfehlen: Gute Fertiggerichte aus der Tüte (z.B. Trekkingmahlzeiten), die einfach aufzubereiten sind, taugen ebenfalls sehr gut.

Außerdem sind Vollmilch- und Volleipulver gute Nahrungsmittel für unterwegs. Auch Vollkorngetreide (im ganzen Korn oder als Mehl), wie Reis, Hafer, Dinkel, Weizen oder Roggen, sind recht kompakt, haben viel Energie und einen hohen

Nährwert. Salz und Pfeffer sowie anderes Gewürz nach Belieben, sind auch zu empfehlen. Denn bestimmte Gewürze sind in der Natur oft rar und mit ihrer Hilfe kannst du auch schwerer genießbare Dinge viel leichter verzehren. Bei der Auswahl der nahrungsration spielt vor allem das Gewicht eine Rolle, finde deine Kompromisslösung!

Erste-Hilfe-Set

Ein Erste-Hilfe-Set und genaue Kenntnisse des Inhalts, sowie von dessen richtiger Anwendung, ist überaus wichtig und entscheidet im Ernstfall vielleicht über Leben und Tod. In der freien Natur ist Hygiene, vor allem je nachdem wie die Witterungsverhältnisse sind, nicht unbedingt leicht umzusetzen (Je nach Schweregrad und Art einer Verletzung sogar unmöglich alleine sicherzustellen, wenn man das Ganze mal realistisch betrachtet!). Auch kleine Verletzungen können sich draußen rasch entzünden. Zudem können immer Unfälle passieren. Ein gutes Erste-Hilfe-Set garantiert dir mehrere Optionen, um dir bei Unfällen (z.B. Schnittwunden) oder im Krankheitsfall selbst zu helfen. Besorge dir hinsichtlich deiner Weiterbildung in Sachen Erste-Hilfe und medizinischem Grundwissen entsprechende Literatur und besuche nach Möglichkeit Seminare/ Kurse mit entsprechenden Inhalten, wo du zusätzlich zu eigenen Übungen praktische Erfahrung sammeln kannst. Denke auch an diverse Medikamente, die du eventuell benötigst, sowie an effektive Schmerzmittel.

Beleuchtungs-System

Nutze Taschenlampen mit Kurbel-/Dynamo- oder Solarladefunktion. Auch eine moderne (ggf. taktische-) LED-Taschenlampe ist bestens geeignet. Du solltest zur optischen Tarnung deines Lagers bei Nacht, das Licht mit der integrierten „Dimmfunktion" oder mithilfe improvisierter Aufsätze (z.B.

PET-Flaschendeckel) dimmen oder das Licht idealerweise im Dunkeln ganz aus lassen, zumal du dich im Falle einer Flucht in der Regel in einem Szenario befindest, wo vor allem mit externen Gefahren durch Menschen zu rechnen ist (Bürgerkrieg/ Krieg, Blackout, Wirtschafts- bzw. Hungerkrise etc.) und deine Tarnung nun entscheidend sein könnte. Ein kleines Aufleuchten irgendeiner Art, könnte deinen Standort verraten und dir nächtlichen Besuch einbringen, auf den du lieber verzichten möchtest.

Kalkuliere im Falle von klassischen Taschenlampen logischerweise genügend Ersatzbatterien ein! Mit einer solarbetriebenen Powerbank und einem entsprechenden Ladegerät, kannst du Akkus per Sonnenlicht aufladen, wenn alle Stricke reißen.

Auch Knicklichter (kompakt, leicht, stromlos, mehrstündig leuchtend) und sogar Kerzen sind eine Idee, wenn ein kleines Feuer keine Option ist. Kerzen bieten ein letztes Backup, wenn andere Lichtquellen fehlen oder aufgebraucht sind und haben überdies den Vorteil, dass du damit im Zweifelsfall auch gut Feuer machen und ein wenig Wärme generieren kannst. Eine Teelichtheizung kann auch im Unterschlupf oder Zelt für Gemütlichkeit sorgen. Achtung: Fackel dir nicht deine kostbare Ausrüstung oder deinen Allerwertesten damit ab!

Nähzeug, Bindematerial & Klebstoffe

Das Nähzeug, bestehend aus reichlich Nähgarn, Nadeln, Sicherheitsnadeln, Fingerhut, dient vor allem der Reparatur deiner Kleidung. Auch Flickzeug (Textilflicken) kann darin enthalten sein.

Ferner brauchst du beim Werkeln in der Natur (z.B. bei der Improvisation von Unterkünften oder Fertigung von Behelfen) ständig Bindematerial. Dieses aus der Natur zu beschaffen, kostet entsprechenden Aufwand und Zeit, also habe genug davon mit dabei! Paracord, Juteschnur oder andere Seile mit dicken zwischen 2 und 6 mm sind optimal für die meisten Zwecke geeignet und können, richtig angewandt, auch wiederverwertet werden.

Klebeband, Sekundenkleber und ähnliches sind ebenfalls für Reparaturen von Kleidung und Schuhen oder für Improvisationen anwendbar.

Kommunikation/ Informations-System

Innerhalb eines Szenarios unter potentieller Bedrohung sind übliche Mittel zu vernachlässigen, wie z.B. Signalspiegel, Pfeifen, Kenntnisse über Morse Code etc.

Diese sind zwar nicht unbedingt unwichtig oder komplett unnötig, aber es werden sich realistisch gesehen, kaum Gelegenheiten zur Verwendung bieten. Signalgebung zwecks erwünschter Rettung oder Kontaktaufnahme, werden eher nicht gebraucht werden. Interessanter wären diese Mittel wiederum zur Kommunikation mit anderen flüchtigen Einzelpersonen oder Gruppen auf gewisse Distanzen hinweg.

Für die Kommunikation in Fluchtszenarien gelten andere Grundannahmen, als im Normalfall. In heutiger Zeit ist davon auszugehen, dass du dein Mobiltelefon wahrscheinlich mitführen wirst (wovon ich eher abraten würde, da es geortet werden kann und dich leichter aufklären lässt). Da Mobilgeräte aber andere Vorzüge bieten können, erwähne ich sie hier trotzdem.

Entsprechende Powerbanks sollten stets vorgeladen sein, bestenfalls über eine Solarladefunktion verfügen und ebenfalls im Rucksack einen Platz finden. Sie sind eine kompakte und recht zuverlässige Lösung. Auch ein faltbares Solarpanel wäre eine Investition wert, wenn du deine Gerätschaften immer laden können oder einfach die Vorzüge digitaler Technik auch auf der Flucht in verschiedener Weise nutzen möchtest. In vielen Fällen gibt es natürlich kein öffentliches Mobilnetz mehr oder ist extrem überlastet, weswegen ein Handy während des Ausfalls der Netze und darüber hinaus eher weniger zwecks Internet oder Telefonie mitgeführt werden bräuchte, aber es stellt einen nützlichen Informationsträger dar! Du kannst darauf alles speichern, was dir eventuell in Notzeiten von Nutzen ist. Deine Fluchtplanung, Landkarten, wertvolles Survivalwissen, diverse Bücher, Grafiken, Videos, wichtige Dokumente und vieles mehr. Achte wegen der Verfolgbarkeit deiner Position usw. auf Möglichkeiten zur Abschirmung des Mobilgerätes deiner Wahl (Entsprechende Hüllen, mehrere Lagen Alufolie usw.). Nutze das Gerät nur, wenn du kurz rastest und immer entfernt von deinem Lager!

Wenn die Flucht in der Gruppe stattfindet, lohnt es sich, sich gute Funkgeräte zuzulegen. Diese werden im Zweifel funktionieren und ermöglichen dir/ euch auch über Entfernungen oder bei Trennung von der Gruppe über viele Kilometer hinweg Kontakt aufzunehmen bzw. aufrecht zu halten. Zudem lassen sich damit bestimmte Signale „abhören", unter anderem auch Polizeifunk, Radio usw. Dies können zwar nicht alle Geräte leisten, aber professionellere in der Regel schon. Das kann zur Informationsgewinnung ebenfalls nützlich sein.

Wenn dein Fluchtrucksack es zulässt könntest du ein kleines Kurbelradio mitnehmen. Funkgeräte und Sattelitentelefone sind in der Regel zu sperrig. Eine Leuchtpistole oder Rauchgranaten hingegen, sind gute Mittel, um Aufmerksamkeit zu erregen, wenn man diese denn wünscht, sich ungesehen aus dem Staub zu machen oder falsche Spuren zu legen, um Verfolger abzuschütteln oder Verbündete zu warnen.

Orientierungshilfen

Nimm Kartenmaterial mit, am besten topographische Karten, die dir wichtige Geländemerkmale zeigen. Google maps wird aller Wahrscheinlichkeit nach auch nicht mehr erreichbar sein ;-)
Offline-Apps können aber weiter funktionieren oder abgespeicherte digitale Karten (gleiches gilt natürlich für alle Dateien, die du auf deinem Han-

dy oder anderem Gerät gespeichert hast, solange es etwas Strom gibt).

Ein klassischer Kompass stellt in Verbindung mit gutem Kartenmaterial immer noch eine der besten und zuverlässigsten Orientierungshilfen dar! Dazu gehört natürlich aber auch das Wissen darüber, wie man mit diesen Kulturwerkzeugen umgeht und wie man sich damit entsprechend zielstrebig im Gelände orientiert.

Du solltest außerdem einen Kompass notfalls improvisieren können. Ein Schattenkompass beispielsweise ist eine uralte aber bewährte Methode. Nach seinem Prinzip lässt sich auch Gleichzeitig eine Sonnenuhr anfertigen.

Überlege dir, wo oder ob du innerhalb deiner Survivalausrüstung auch Platz für eine magnetisierte Nadel mit entsprechender Färbung der Nordrichtung in deinem Gepäck finden kannst (zum Beispiel in einem EDC-Survival-Kit). Damit kannst du rasch einen Kompass basteln. Hänge die Nadel an eine Schnur und lasse sie irgendwo frei herunter baumeln, sie wird dir dann in die Nordrichtung weisen. Gleiches funktioniert z.B. auch ohne Schnur auf ein Blatt gelegt in einer Pfütze.

Hygiene-System

Mangelnde Hygiene macht dich mürbe und krankheitsanfälliger und schwächt deinen Organismus in psychischer und physischer Hinsicht. Eine Zahnbürste, Zahnpasta, ein Stück Seife, Einweg-Rasierer oder besser ein Rasiermesser (könnte nützlich sein), ein Handspiegel, sowie ein Nagelknipser bzw. eine gute Feile (Nagelset) gehören vermutlich zur Standardausstattung und sollten besser nicht fehlen. Zudem könnten etwas Schampoo, Deo, ein Waschlappen und ein kompaktes Handtuch wichtig werden. Der Komfort, der auch hierdurch entsteht, ist allein aus psychologischer Sicht schon relativ wichtig. Frauen sollten natürlich auch an speziellen Hygienebedarf denken.

Identitäts- und Dokumenten-Sicherung

Für wie wichtig du dieses Thema erachtest, entscheide bitte selbst. Es kann sinnvoll sein, seine wichtigsten Urkunden, Zeugnisse, Lizenzen und andere Dokumente mitzuführen, falls man sich, aus welchen Gründen auch immer, irgendwo identifizieren will oder muss. Auch um in bestimmten Fällen besondere Kenntnisse oder Ausbildungen nachzuweisen, kann dies vorteilhaft sein. Ich persönlich verzichte darauf. Andere schätzen es als sehr wichtig ein. Darum erwähne ich das Thema auch in diesem Ratgeber, allerdings ohne zu sehr ins Detail zu gehen.

Selbstverteidigung

Neben deinen eigenen Fähigkeiten dich selbst zu verteidigen, kann eine Verteidigungswaffe dir eine zusätzliche und damit entscheidende Schutzwirkung verleihen.

Es ist wichtig immer etwas dabei zu haben, das dir im Ernstfall helfen kann, einen körperlichen Angriff auf dich oder deine Verbündeten erfolgreich abzuwehren. Optimalerweise eine Distanzwaffe. Nutze auch Pfeffersprays/ CS-Gas, Elektroschocker, Kubotans, Teleskopschlagstöcke, Steinschleudern oder was immer du auftreiben kannst und bei dir in der Ausrüstung noch Platz findet. Viele gute Verteidigungsmittel kannst du auch in der Natur improvisieren. Speere, Knüppel und Dolche aller Art sind in der Regel leicht zu finden, reichlich vorhanden und relativ schnell zu fertigen. Sogar einfache Bogenwaffen lassen sich mit Know How und etwas Geschick zeitnah herstellen. Lerne auch Fallenbau, nicht primär zum Jagen, sondern für Verteidigungszwecke, um zum Beispiel dein Lager zu schützen!

Ergänzendes Equipment

Es gibt einige Dinge, die du vielleicht zusätzlich gebrauchen könntest. Ein paar Anregungen bezüglich speziellem Equipments gebe ich dir noch im Anschluss an die Packliste weiter unten.

Allgemein rate ich davon ab, sich nur allein auf einen einzigen Ausrüstungssatz zu verlassen, der einen quasi völlig abhängig von einem Rucksack macht. Meiner Ansicht nach, bedarf es zusätzlicher Optionen und Backup-Tools (z.B. eines guten Taschenmessers) und einem EDC-Survival-Kit, um wirklich auf alle Eventualitäten vorbereitet zu sein. Es ist zweckdienlich im Notfall, unter keinen Umständen ohne halbwegs brauchbare Ausrüstung da zu stehen, sollte einmal etwas kaputt oder verloren gehen, zurückgelassen werden müssen oder gestohlen werden. Wie man ein EDC-Survival-Kit konzipieren könnte und was dort bestenfalls enthalten ist, haben wir in unserem „EDC Survival Ratgeber – Bereit, wenn die Kacke dampft" ausführlicher erläutert (Siehe Literaturempfehlungen im Anhang). Dein EDC sollte quasi ein Miniaturformat deines größeren Überlebenssystems darstellen und vom Format her Platz in deiner Jacken- oder Hosentasche finden können.

Nun möchte ich dir eine umfassende Packliste an die Hand geben, mit der du noch einmal im Detail und übersichtlich nachvollziehen kannst, was so in einem Überlebens- oder Fluchtrucksack enthalten sein könnte bzw. mindestens enthalten sein sollte! Hierbei werde ich auf die einzelnen Ausrüstungsgenstände, welche folgerichtig die oben erwähnten Ausrüstungs-Systeme oder Kategorien abdecken, (in die ich dein Equipment gedanklich und physisch einzuteilen empfehle), genauer eingehen.

Ergänzt wird diese Packliste am Ende durch Anregungen für weiteres spezielles (optionales) Equipment, das dann wiederum zusätzliche Optionen im Ernstfall gewähren könnte. Letzteres soll dir Beispiele liefern, woran man als Teil seiner Ausrüstung, je nach Präferenzen und Know How auch denken könnte.

Das im folgenden Abschnitt präsentierte Überlebenssystem ist ein ganzheitliches Beispiel dafür, wie du dir einen guten Fluchtrucksack konzeptionell vorstellen kannst. Es gliedert sich in zusammengefasste Systeme auf, wobei jedes Element deckt, wie bereits weiter oben angesprochen, inhaltlich einen bestimmten Aufgabenbereich oder eine gewisse Ausrüstungskategorie abdeckt.

Zur Sortierung der einzelnen Elemente kannst du Ordnungshilfen, wie z.B. Stoff- oder Zip-Beutel nehmen. Auch gut sind „Tupperdosen" oder sogenannte „Outdoor-Boxen" aus Kunststoff (bruchsicher, wasserdicht, verschiedene Größen erhältlich). Diese Herangehensweise hat sich bei mir in der Praxis bestens bewährt. Packe also zusammen, was zusammengehört und gewöhne dich daran, alles nach Gebrauch sofort an Ort und Stelle zurückzulegen. So bleibt der Rucksack immer startklar und nichts geht verloren.

Die sogleich aufgeführten Gegenstände der Liste müssen nicht zwangsläufig alle eingepackt werden oder könnten auch stellenweise durch Objekte ähnlichen Sinns und Zwecks ersetzt werden.

Begreife diese Packliste als Anregung und orientiere dich stets an deinem Bedarf und deinen gegebenen Möglichkeiten. Wenn ein Gegenstand dir nicht zusagt, ersetze ihn, oder du eine bessere Alternative kennst, dann nutze sie!

In manchen Kategorien habe ich mir erlaubt, mehrere Optionen/ Alternativen anzubieten, du wirst an entsprechenden Stellen merken, wo du eventuell etwas aussparen kannst und ebenso, wo du selbst zu ergänzen vermagst.

Auch bei der Auswahl der Nahrungsration sollen persönliche Neigungen und Geschmäcker berücksichtigt werden. Die Tipps im entsprechenden Absatz sind persönlicher Art und sollen dir eine Orientierung ermöglichen und Beispiele für nützliche Inhalte einer Nahrungsration aufzeigen.

Außerdem habe ich darauf verzichtet, Gewicht und Packmaß einzelner Gegenstände vorzugeben. Du musst selbst darauf achten hierin den optimalen Kompromiss für dich auszumachen. Stimme die einzelnen für dich so ab, dass du maximal an Gewicht, nicht aber an der Qualität sparst. Manchmal ist der Kompromiss tatsächlich etwas mehr Gewicht oder größere Objekte zu kalkulieren, dafür aber die ideale Ausrüstung für deinen Bedarf zu erhalten. So, jetzt kommt endlich die Packliste für deinen Fluchtrucksack, der dich für 14 Tage und darüber hinaus vollständig versorgt!

PACKLISTE

Hauptwerkzeuge

Überlebens-/ Einsatz-
messer (!)

Es ist in der Natur wahr-
scheinlich dein Haupt-
werkzeug und gleichzei-
tig eine starke Waffe
zur Verteidigung. Es
sollte den höchsten
Qualitätsstandards ge-
nügen und den härtes-
ten Herausforderungen
gewachsen sein. Mit
diesem Messer solltest
du im Ernstfall in der
Lage sein, alle anfallen-
den Arbeiten, vom Bau
einer Notunterkunft bis
hin zur Fertigung von
Werkzeugen auszufüh-
ren. Eine Feststehende,
„Full-Tang", also durch-
gehende Klinge von ei-
ner Stärke von mindes-
tens 3 mm, aus Stahl

mit Härtegraden von 58-60 Rockwell sind zu empfehlen.

Multifunktions-Taschenmesser ("Multitools")

Ein gutes Multitool enthält mindestens ein Messer, eine Säge und ein paar weitere nützliche Werkzeuge, die bei der Fertigung von Behelfen, beim Schnitzen und vielen alltäglichen Aufgaben nützlich sind. Man kann mit so einem Werkzeug alle kleineren Arbeiten des Alltags erledigen (z.B. schnitzen), was die Klinge deines Hauptmessers schont und dir erweiterte Möglichkeiten einräumt. Zusätzliche Funktionen wie Schere, Zange, Schraubenzieher oder Dosenöffner bieten weitere Vorteile und könnten zum Beispiel auch kleinere Reparaturen oder das Durchbrechen von Hindernissen wie Zäunen oder die Sabotage von Kabeln ermöglichen. Alternativ oder zusätzlich zu deinem Multitool im Rucksack, könntest du eines in der Jacken- oder Hosentasche mitführen.

Kompakte Klappsäge

Du kannst eine starke und gleichzeitig kompakte Säge. Sowohl für den Bau einer vernünftigen Unterkunft in bewaldetem Gebiet als auch zur Beschaffung von Feuerholz gebrauchen. Mit einer Säge kann effizient, leise und präzise gearbeitet werden.

Kompakte Axt	Zum groben Holzhacken und für einfache Schnitzarbeiten.
	Ein ideales Backup-Tool, falls deine Säge beschädigt wird oder verloren geht.
	Ein Nachteil kann die relativ große Geräuschentwicklung sein, die aber durch die Effizienz, Robustheit und Langlebigkeit eine in sicherem Terrain untergeordnete Rolle spielt.
Klappspaten	Multifunktional, praktisch, kompakt.
	Er eignet sich hervorragend zum Ausgraben von Wurzeln, zum Ausheben von Unterkünften, Löchern, Gräben, Feuerstellen etc.
	Unterschiedliche Survivaltechniken machen Graben wichtig, ein

Klappspaten spart viel
Zeit und Energie im
Ernstfall.

Mini Werkzeugset	Hierin befinden sich nützliche Extrawerkzeuge. Gut geeignet sind hier diverse Multitools, oder ein „all in One-" Imbusschlüssel-Set und dergleichen. Außerdem lohnen sich: Schraubenzieher, Zangen oder eine Handkettensäge. Vor allem alles, was du zur Reparatur deines Equipments gebrauchen kannst, solltest du dabei haben!
Kleines Fernglas/ Binokular Alternative: Monokular	Kann genutzt werden, das Gebiet aufzuklären, um Situationen aus der Ferne zu beurteilen, die Orientierung zu verbes-

sern, bestimmte Routen zu planen und Gefahren frühzeitig zu erkennen.

Wassersystem

Kleine Trinkflasche (Edelstahl, Titan)

Optimal sind 0,5 – 1 Liter. Edelstahl ist anderem Material vorzuziehen, da es nicht nur robust, sondern auch hitzebeständig ist und zum Kochen genutzt werden könnte. Alternativen sind: Trinkflaschen aus Aluminium, Glasflaschen; Flaschen aus BPA-freiem Plastik (z.B. Tritan). Letztere sind nicht sicher zum Kochen unter Outdoorbedingungen verwendbar, aber notfalls besser als gar nichts!

Trinkbecher (Edelstahl, Titan)	Kann einfach zum Trinken oder auch zum erwärmen bzw. kochen von Nahrung verwendet werden. Mit ein paar Handgriffen lässt sich mit dem Becher ein Geräuschmelder improvisieren. Einfach ein paar Steine hineingeben und das Ganze an einer Schnur aufhängen, die gleichzeitig als Auslöseschnur fungiert und bei Berührung durch einen „Eindringling" herabstürzen gelassen und entsprechenden Lärm verursachen wird.
Wasseraufbereitungstabletten	Ideal um Wasser aufzubereiten. Die Tabletten arbeiten in der Regel

(1 Packung/ ca. 100 Stück)	auf chlor- oder silberionenbasis, weshalb das Wasser zwar gelegentlich etwas nach Schwimmbad schmeckt, doch es ist keimfrei, trinkbar, und eine Weile sicher konserviert. Die Tabletten lassen sich überall platzsparend verstauen und mitführen.
Mobiler Wasserfilter	Ein praktischer mobiler Wasserfilter, filtert die meisten Schadstoffe und Keime aus dem Wasser heraus, sodass du unterwegs jederzeit einen Liter Wasser damit reinigen und verwenden kannst. Der Filter selbst ist meist sehr einfach zu reinigen und kann oft tausende Male verwendet wer-

den!

robuste Plastikbeutel

Mit einem Plastikbeutel kann man hervorragend Trinkwasser sammeln, wenn andere Mittel fehlen. Er ist überaus platzsparend, ultra-leicht und eingefaltet in der Ausrüstung zu ver-stauen. Mit etwas Bin-dematerial kann daraus ein guter Trinkbeutel geschnürt werden, der sich auch am Gürtel oder Rucksack befesti-gen lässt. Außerdem kann man den Beutel zusätzlich zur Flasche füllen und so eine et-was größere Ration mitführen.

Schlaf-System

(Zelt-)Plane
(Wasserdicht, auch bekannt als „Tarp-Zelt")

Mit einem Tarp-Zelt kannst du jederzeit, an jedem Ort, einen komfortablen Unterschlupf errichten. Diese Zeltplanen lassen sich mithilfe von eingearbeiteten, stählernen Ösen und etwas Schnur, in vielfältiger Weise am Boden oder in der Luft aufspannen. Mit Ästen kannst du dir „Zeltstangen" improvisieren und dir ein gewöhnliches Zeltarrangement gestalten. Je nach Witterungsverhältnissen, benötigst du auch eine geeignete Bodenisolation, die sich mit Stöcken, Reisig, Laub oder Kiefernzweigen leicht improvisieren lässt und gegebenenfalls durch eine Isomatte ergänzen.

Schlafsack
(Tipp: Packmaß, sowie Vor- und Nachteile von Kunststoff-/ Daunensäcken abwägen!)

Sogenannte Sommerschlafsäcke sind besonders kompakt aber nur bei Temperaturen über 5, oder gar 10°C richtig gut geeignet. Ein Winterschlafsack benötigt zwar ein wenig mehr Platz, hält aber dafür sicher warm. Optimalerweise verfügst du über beide Varianten und kannst im Ernstfall nach den jahreszeitlichen oder klimatischen Verhältnissen spontan entscheiden und deine Auswahl der Ausrüstung beifügen, ehe du losziehst.

| „Isomatte" | Erübrigt das ständige Improvisieren von behelfsmäßigen Bodenisolationen oder das Flechten von Liegematten und dergleichen. Die Unterlage schützt vor Unterkühlung und Bodenfeuchtigkeit. Außerdem erhöht sie den Liegekomfort vielerorts beträchtlich, was die Schlafqualität und damit dein Energieniveau und deine Regeneration fördert. |
| kleine Baumwolldecke | Eine kleine Decke gewährleistet zusätzliche Wärme. Sie kann ergänzend mit in den Schlafsack gestopft werden oder bei sitzenden Tätigkeiten im Freien extra Wärme spenden. |

Bestenfalls hat sie auch eine natürliche Tarnfarbe, dann kann man sie auch ggf. als Tarnüberwurf und Abdeckung nutzen.

Feuer-System

Sturmfeuerzeug	Diese Art von Feuerzeug erzeugt eine extrem heiße und starke Flamme (ähnlich wie ein Bunsenbrenner) die auch bei Wind und Wetter keine Gnade kennt und blitzschnell alles entflammt, was halbwegs brennbar ist. Optimalerweise ist es mit Gas betrieben, da es leicht nachzufüllen ist!
Gute Feuerzeuge (Mindestens 4 Stück)	Mit jedem Feuerzeug lassen sich mindestens 200 Feuer entzünden, sofern diese richtig vor-

bereitet wurden. Nutze klassische „BIC" Feuerzeuge, diese sind zuverlässiger als die elektronischen oder andere Billigfeuerzeuge. Letztere lassen sich hingegen nachfüllen. Somit liegt die Entscheidung bei dir!

Streichhölzer

Immer noch eine der besten Anzündhilfen der Welt! Nach Möglichkeit keine Sicherheitsstreichhölzer verwenden! Die Zündhölzer müssen stets wasserdicht verpackt sein, damit sie im Bedarfsfall sicher funktionieren!

Feuerstahl-/Zündstahl

Das ultimative Survival-Werkzeug zum Feuermachen! Hiermit erzeugst du bis über 1000°C heiße Funken, die jeden trockenen Zunder entzünden können. Mit einem Feuerstarter sind viele hunderte Zündungen möglich. Ein unerlässlicher Begleiter im Outdoorbereich.

Pflanzliche/ Chemische Anzündhilfen

Viele kennen diese Arten von Anzündhilfen vom Grillen oder vom heimischen Kaminofen. Draußen erbringen sie ebenso gute Dienste. Sie brauchen wenig Platz im Gepäck, funktionieren sofort, brennen lange und auch bei leichtem Wind zuverlässig. Oft kann eine einzelne Portion des Materials noch mehrfach aufgeteilt werden und somit gleich für mehrere Feuer verwendet werden. Diese pflanzlichen und chemischen Hilfsmittel sind sehr verlässlich und dienen als gutes Backup, wenn der Zunder fehlt bzw. aus diversen Gründen nicht beschafft werden kann und es schnell gehen muss.

Kochsystem

Kompaktes Kochgeschirr

(Aluminiumgeschirr ist im Gegensatz zu anderen aus Eisen oder Stahl wesentlich leichter. Alternativ wäre Titan ein guter Kompromiss.)

Ein minimalistisches Kochgeschirr bestehend aus: Einem Kochtopf oder einer Pfanne einer Schüssel oder einem Teller, einem vollständigen Bestecksatz (evtl. Klappbesteck) und einer Schöpfkelle, einem Rührlöffel und einem Pfannenwender. Es gibt kompakte militärische Sets oder au dem Campingbedarf, die diesen Zweck sehr gut erfüllen. Diese können meist sehr kompakt ineinandergesteckt werden, brauchen wenig Platz im Rucksack und sind zudem leicht und für die Zubereitung einer Mahlzeit ausreichend. Verstaue dein Geschirr so, dass es nicht klappert und beim Laufen Lärm verursacht.

Gewürze & Speisefett

Nutze etwas Platz für Salz, Pfeffer und irgendeine Form Öl oder Fett, um deine Speisen zu verfeinern. Fette sind in der Natur relativ rar und unter Survivalbedingungen kaum oder nur aus tierischen Quellen beschaffbar.

Spülutensilien	Nach dem Kochen folgt immer der Abwasch – auch in der Wildnis. Pack also ein kleines Spül-Kit ein, das folgende Dinge enthalten könnte: Ein kl. Fläschen mit Spülmittel, einen Schwamm, ein Stofftuch zum Abtrocknen, eine grobe Bürste.
Gaskocher (+ 1-2 Ersatzkartusche)	Ein Gaskocher ist leise, effizient und robust. Auseinander gebaut, lässt er sich platzsparend unterbringen. Die Rauch- und Feierentwicklung ist denkbar gering. Eine Kartusche hält in der Regel mindestens eine Woche! Der große Vorteil ist hier die Effizienz, sowie

	die optische Tarnung und das du nicht auf ein Holzfeuer angewiesen bist.
„Hobo-Ofen" (Alternativ oder zusätzlich zum Gaskocher)	Ein praktischer Outdoor-Ofen, der aus einzelnen Stahlplättchen besteht. Er lässt sich sehr platzsparend mitführen Mit einem Hoboofen hast du ebenfalls eine gute optische Tarnung, da wenig Rauchentwicklung. Die Hitze wird dank des Kamineffekts optimal ausgenutzt und es wird nur wenig Brennholz pro Kochvorgang benötigt.

Hygiene-System

Zahnputz-Set	Für die tägliche Mundhygiene, bestehend aus: einer Tube fluorid-

freier Zahnpasta, 2
Zahnbürsten und ggf.
etwas Zahnseide (kann
zur Not, aus Pflanzenfa-
sern improvisiert wer-
den)

Körperpflege-Set

Für die tägliche Körper-
hygiene, bestehend
aus:
Seife oder Shampoo,
Waschlappen, Nagel-
pflege (min. Knipser
und Feile), einen klei-
nen Spiegel (Ein kleiner
Spiegel ist draußen sehr
vorteilhaft. Er kann als
Signalspiegel eingesetzt
werden (es gibt auch
extra Multifunktions-
spiegel) und ggf. Ein-
weg-Rasierer einpacken
(bei etwas Platz kann
auch eine kleine Flasche
Rasierschaum oder Ra-
siergel eingepackt wer-

den). Auch ein Wasch-
lappen sollte nicht feh-
len. Je nach deiner Situation, denke auch an
spezielle Hygieneartikel
für Frauen und Babys.

Taschentücher (4-6 Packungen)	Als Klopapier, Reinigungstücher, als ergänzendes medizinisches Material bei Verletzungen wie Schnitt- oder Schürfwunden. Notfalls auch als Zundermaterial.

Lichtsystem

Taktische LED-Lampe (Verfügt oft über zusätzliche Tools oder Funktionen und ist robuster als andere Taschenlampen.)	Sorgt für Licht am Ende des Tunnels, teils sehr starke Leuchtkraft, bei geringstem Energiebedarf, dank LED. Kann mit Akkus oder Batterien betrieben werden. Es gibt auch welche, die per USB Kabel und via

Powerbank aufgeladen werden können.

| Dynamolampe | Sogenannte Dynamo-Lampen verfügen über eine Kurbel-, Pump- oder Solarladefunktion, die ein regelmäßiges manuelles Aufladen der Taschenlampe ermöglicht. Sehr empfehlenswert für unterwegs! In verschiedenen Größen erhältlich, kompakte Varianten bevorzugen. Das Kurbeln und Pumpen verursacht allerdings Geräusche, sodass diese unter Umständen nicht jederzeit angewendet werden können. |
| Stirn-/Kopflampe | Eine Stirnlampe sorgt für freie Hände beim Arbeiten, Marschieren oder Überwinden von |

Hindernissen. Es gibt Modelle mit integrierter Dimmfunktion und rotem Licht, welches deutlich weniger Lichtemission bewirkt, aber zum Arbeiten und Fortbewegen bei Nacht ausreichend ist (Vorteile hinsichtlich der eigenen Tarnung). Auch diese Lampen sind oft wieder aufladbar.

Knicklichter

Knicklichter verbrauchen nicht viel Platz. Mit einem größeren Knicklicht kann man sich zwischen 12 und 24 Stunden behelfen und in einem geschlossenen, nicht allzu großem Raum für ausreichend Licht sorgen. Ideal für Zelte, Höhlen und Gebäude.

Bindematerial & Klebstoff

Paracord (ca. 15m)	Extrem belastbarer Seilklassiker im Survival-Bereich. Es ist unheimlich vielseitig einsetzbar! Mithilfe der sieben innenliegenden Kernschnüre hast du die Option, dein Bindematerial bei Bedarf zu vervielfachen! (Tipp: Zum Platzsparen ein Paracordarmband tragen und Schuhbänder durch Paracord ersetzen; macht letztere zusätzlich langlebiger und multifunktional.)
Weiteres Bindematerial (im Bereich von 1 – 4 mm Durchmesser)	Geeignet für die meisten leichteren Arbeiten. (z.B. Schnüre aus starken Naturfasern aus

Jute oder Hanf; 1 - 2 x =
ca. 50 – 100 m).

Klebeband	Klebeband ist ein Multi-talent - zum Reparieren, Festkleben oder verpa-cken von Gegenständen aller Art. Man kann da-mit sogar Notunterkünf-te oder Werkzeuge fi-xieren. Vorzugsweise wasserabweisendes Kle-beband oder „Panzer-tape" verwenden, weil es besonders stark klebt. Um Platz zu sparen, kannst du die Klebe-bandrolle zusammen-drücken oder einfach einige Meter davon auf ein kurzes, flaches Holz- oder Plastikstück wickeln!
Flüssig-/ Sekundenkle-ber	Multifunktionales Hilfs-mittel zur Fertigung und Reparatur von Ausrüs-tung und Werkzeug

(z.B. um eingesetzte
Pfeil- oder Speerspitzen
zu fixieren, Kleinrepa-
raturen durchzuführen
oder Schuhe zu kleben).

Nahrungsration/ Fertignahrung

Stelle dein Nahrungspaket so zusammen, dass du
nur wenige Extrazutaten und Hilfsmittel zur Zubereitung benötigst (bestenfalls ohne Kochvorgang).
Des praktischen Nutzens und geringen Gewichts
wegen, empfehle ich ausdrücklich Trekkingnah-
rung, NRG-5 Riegel, Energieriegel und derglei-
chen, zu bevorzugen, denn sie sind effizient,
leicht und platzsparend mitzuführen.
Aber auch jegliche Form vollwertiger Kost ist per-
fekt (z.B. Getreide im ganzen Korn, Nüsse, Samen
usw.)! Auch ein wenig Schokolade oder so etwas
für die Nerven kann Wunder wirken.

Keine Angst zu verhungern!

Unter Extrembedingungen wird sich dein Tages-
rhythmus sowie dein Stoffwechsel den Gegeben-
heiten anpassen und du wahrscheinlich nicht in
gewohnter Häufigkeit und Weise essen können.
Die Gefahr in der Wildnis zu verhungern ist

Kenntnis und situationsabhängig. Kennst du dich draußen gut aus, gehst du im Grunde in einem endlosen Gemüsegarten spazieren.

Überdies kann dein Körper glücklicherweise wochenlang ohne Nahrung auskommen und auch, wenn es sich manchmal so anfühlen könnte, wirst du nicht einfach verhungern, nur weil du ein paar Tage nichts zu beißen hast. Optimalerweise hast du dich mit Fasten beschäftigt und selbst schon einmal die Erfahrung gemacht, wie es ist, mehrere Tage oder Wochen nichts oder nur sehr wenig zu essen. Dann kannst du in Survivalsituationen einfach in den vertrauten Fasten-Modus wechseln und bleibst physisch und mental leistungsfähig. Eigne dir rechtzeitig entsprechende Kenntnisse an, wie du aus der Natur zuverlässig Nahrung gewinnen kannst, um deine Ration zu ergänzen. Pflanzliche Nahrung ist reichlich vorhanden, unauffällig und ohne Aufwand oder Risiken der Jagd beschaffbar sowie äußerst gesund. Ich rate auch ausdrücklich, mit jeglicher Ration sparsam umzugehen. Ist sie aufgebraucht, wird es dort draußen nämlich weitaus spannender und je nach Umständen wesentlich beschwerlicher. Diese Tipps solltest du verinnerlicht haben, wenn die

Ressourcen oder Möglichkeiten zur Verpflegung im Ernstfall eingeschränkt sind.

Erste-Hilfe-System

Es ist empfehlenswert sich ein umfangreiches Set an Erste-Hilfe-Equipment anzuschaffen und damit umgehen zu lernen. Etwaige Literatur und Praxiskurse zum Thema können deine Weiterbildung in diesem Bereich beflügeln. Wenigstens grundsätzliches Wissen in der Vermeidung und Behandlung von Gefahren gehören für eine ganzheitliche Ausbildung für Überleben in der Wildnis dazu. Gerade, weil es so schwierig ist, sich selbst im Falle eines Unfalls oder weitreichender Erkrankung zu behandeln, sind Gruppenbildungen für den Ernstfall anzuraten und sinnvoll, wobei trotzdem alle Mitglieder über Grundwissen in Erster-Hilfe verfügen sollten.

Weil das Thema so komplex ist, beschränke ich mich hier auf wenige wirklich wichtige Grundutensilien, die dein Medi-Kit aufweisen sollte. Die Stückzahl dient dir als Orientierung und sollte gegebenenfalls nach oben korrigiert werden. Zu viel kann man an Erste-Hilfe Equipment eigentlich nicht dabei haben. Der Vorteil ist, dass die einzelnen Utensilien in der Regel recht kompakt und

leicht sind, was die Unterbringung sehr vereinfacht.

Empfehlenswerte Inhalte

Pflaster-Streifen (20 Stück)	Wichtig um kleine Verletzungen sofort behandeln zu können, die eigene Arbeitsfähigkeit zu erhalten und Wundinfektionen vorzubeugen. Ggf. wasserfeste Pflaster besorgen.
Wundnahtstreifen (1-2 Packungen)	Zur Behandlung unkomplizierter Schnitt-, Stich oder Platzwunden bis zu einer Tiefe von höchstens 3 cm., alles Tiefere muss professioneller versorgt und entsprechend genäht werden!
Verbandsrollen (12 x)	Verbandsmaterial zur Versorgung unterschiedlicher Verletzungen und Beschwerden.

Dient dem Schutz und
der Ruhigstellung be-
treffender Körperberei-
che.

Sterile Auflagen (20 x)	Zum Abdecken und Behandeln von Wunden.
Tupfer (40x)	Zum Abtupfen von blutenden Wunden
Gummihandschuhe (10+ Paar)	Schützen vor Infektionen via Kontakt, z.B. beim Behandeln von bestimmten infektiösen Erkrankungen oder aber auch beim Ausnehmen von Beutetieren, die natürlich in der Wildnis oft mit Parasiten und Keimen durchseucht sind.

Klebeband (z.B. Panzertape, wasserabweisendes Klebeband)	Zum Fixieren von Verbänden oder Schienen. Man kann nie genug Klebeband haben!
Pinzette	Beispielsweise zum Entfernen von Zecken, Stacheln etc.
Schere	Zum Zuschneiden des Verbands- und Pflastermaterials und für sonstige Zwecke.
Wunddesinfektionsmittel	Ein kleines Fläschchen mit Wunddesinfektionsspray oder Chlordioxid. Bei verunreinigten, oberflächlichen, relativ unkomplizierten Wunden. *(Tipp: 1 Tropfen „Chlordioxid" oder „DMSO" in 100 ml Wasser verdünnen, in eine Sprühflasche geben*

	und zur Desinfektion und Verbesserung der Wundheilung auf entsprechende Verletzungen sprühen.)
Rettungsdecke	Schützt Verletzte vor Unterkühlungen; kann im Notfall zum Wärmen genutzt werden.
Kompaktes medizinisches Näh-Set	Zum Nähen größerer Wunden geeignet (Achtung: Vorgang will gelernt sein oder muss von jemandem ausgeführt werden, der es beherrscht! Entsprechende Vorbereitung also vorausgesetzt!
Breitbandantibiotika	Im Falle akuter Entzündungen und diverser Erkrankungen sinnvoll.
Schmerzmittel (am besten gleichzeitig auch fiebersenkend, so-	Ibuprofen, Paracetamol, Aspirin usw.

dass Mehrzweck mög-
lich ist.)

Sonstige Medikamente	Husten-/ Bronchialmittel, Lutschtabletten gegen Halsschmerzen, Allergietabletten etc.
Tourniquet ("Blutungsstopper")	Bei schweren Verletzungen, die sehr stark bluten, zum Abbinden der betreffenden Gliedmaße, um zu hohen Blutverlust zu vermeiden und Zeit zu gewinnen, bis eine professionelle Behandlung in Aussicht gerät. Bei derart schweren Verletzungen, gibt es nur eine geringe Überlebenschance und das Risiko für Komplikationen ist maximal hoch. Dennoch bietet ein Tourniquet eine verbes-

serte Chance zu überle-
ben!

Energieversorgung

Batterien bzw. Akkus	Als Energiequelle für deine Taschenlampen oder anderen elektrischen Geräte unabdingbar!
Powerbank/s (vorzugsweise mit Solarladefunktion!)	Als mobile Steckdose bzw. Ladestation für deine Akkus und Geräte. Am besten mit mehreren USB Anschlüssen!
Solarpanel (faltbar)	Faltbares Solarladegerät, welches zum Laden deiner Geräte und Powerbanks eingesetzt werden kann. Es kann auch, entsprechende Jahreszeit und Witterungsverhältnisse vorausgesetzt, als Alternative zu einer

Powerbank fungieren.

Orientierung

Kompass/ Bussole

Ein einfacher Kompass, der lediglich die Himmelsrichtungen anzeigt, reicht für die meisten Zwecke vollkommen aus.
Der Umgang mit der Bussole muss sorgfältig erlernt werden. Ein solcher Apparat kann neben der Orientierungsarbeit auch für die Bestimmung von Entfernungen oder Größenverhältnissen genutzt werden, sofern entsprechende Kenntnisse vorhanden sind.
(Tipp: Improvisiere einen Kompass indem du eine Nadel magnetisier-

te Nadel mitführst, auf der die korrekte Himmelrichtung markiert ist und lasse die Nadel auf einem Laubblatt auf etwas Wasser schwimmen (Pfütze, Schale mit Wasser etc.). Die Nadel wird sich nach Norden drehen! Auch ein Sonnenkompass ist leicht zu improvisieren.

Kartenmaterial

Kartenmaterial von deiner Region, deinem Land oder den gewünschten Einsatz- und Zielgebieten. Karten gehören immer noch zu den besten Orientierungshilfen, die es gibt! Es gibt topografische Landkarten, auf denen sämtliche Geländemerkmale verzeichnet sind. Diese sind zur Routenplanung beson-

ders interessant und
anderen Karten vorzu-
ziehen.

Nähzeug und „Schuster-Set"

Nähzeug

Bestehend aus Nähgarn
(insgesamt min. 50 m,
verschiedene Farben),
verschiedene Nähna-
deln, „Fingerschutz", Si-
cherheitsnadeln (min.
10 St.), sowie Ersatz-
knöpfe für deine Klei-
dung.

Flickzeug für Textilien

Bei Rissen, Löchern und
anderen Schäden, kön-
nen Flicken auf die be-
treffenden Stellen gek-
lebt werden. So bleibt
die Kleidung noch sehr
lange funktionsfähig.
Achte darauf, dass das
verwendete Flickzeug
auch wasserbeständig

ist!

Schuhkleber	Zum Reparieren bzw. Kleben von kaputten Schuhen, zur Not auch von anderen Ausrüstungs- und Bekleidungsteilen aus Leder. Es gibt auch entsprechende Textilkleber! Bei leichten Schäden lassen sich z.B. Schuhe auch mit einfachem Sekundenkleber reparieren.
Starkes Klebeband (Panzertape)	Eine der einfachsten Varianten der Schuhreparatur! Wie gesagt, man kann nicht genug davon haben. Der vielseitige Nutzen macht es legendär!

Identitäts- und Dokumentensicherung

<u>USB-Stick/ (Micro-)SD-Speicherkarte</u>

Auf diesem Speicher-Stick oder deiner Speicher-karte sollten alle wichtigen Dokumente, wie:

→ Zeugnisse

→ Geburtsurkunden (besser die Geburtsanzeige)

→ Reisepässe

→ Personalausweise (je nach Rechtskreis, in-dem man sich bewegen möchte...)

→ Führerscheine

sein, welche deine Existenz und Identität ein-wandfrei bestätigen, enthalten sein.

Füge außerdem alle anderen, dir persönlich wich-tig erscheinenden Dokumente, Belege, Informati-onen usw. hinzu, die dir während und nach der Krisenzeit von Nutzen sein könnten (z.B. weil sie dir bestimmte Rechte, Kenntnisse oder Erfahrun-gen bescheinigen).

Führe nach Möglichkeit Originaldokumente mit; Verstaue sie wasserdicht und an einem geheimen, für andere unzugänglichen Platz, bestenfalls nahe an deinem Körper, eingefaltet und z.B. vakuum-iert in einer Innentasche deiner Jacke.

Selbstverteidigung

Deine Verteidigungsfähigkeit kann in einem Fluchtszenario eine absolut entscheidende Rolle spielen!

Die Nämliche setzt sich allgemein aus zwei Elementen zusammen:

1. Deine körperlichen Verteidigungsfähigkeiten
2. Beliebiger Waffeneinsatz (von Schlag- und Stichwaffen, bis hin zu Schusswaffen aller Art.)

Beides ist, was die Effektivität anbelangt, direkt an dein persönliches Training und entsprechende Vorbereitung geknüpft. Weder ein Handgemenge, noch der Einsatz von Waffen, gewährleisten hinreichenden Schutz, selbst dann nicht, wenn du damit richtig umgehen kannst.

Auseinandersetzungen und Konfrontationen jeglicher Art sind bestenfalls strikt zu vermeiden. Dies gelingt am besten über gute Tarnung und Aufklärung des Einsatzgebietes (Passive Selbstverteidigung; Sicherung des Lagerplatzes)

Der beste Kampf ist immer kein Kampf! Denn die Folgen einer Auseinandersetzung sind immer unvorhersehbar. Unterschätze außerdem niemals einen Gegner!

Am besten verfügst du über mehrere Möglichkeiten der Selbstverteidigung. Einige, die du direkt bei dir am Körper trägst und welche in Reserve, die somit in deinem Rucksack verstaut sein könnten (z.B. Pfeffersprays usw.).

Im Folgenden ein paar beispielhafte Gegenstände, die in jedem Fall unter allen Umständen in deinem Rucksack Platz finden und die jeder bekommen und benutzen kann, wenn er möchte. Beim Thema Selbstverteidigung sind überdies Fantasie und Eigenengagement besonders gefragt

CS Spray/ Pfeffer-Spray   Reizgas oder Pfeffer-

Spray in praktischen Dosen, welche im direkten Zugriffsbereich aufbewahrt wird, damit das Spray jederzeit einsatzbereit ist.

Zwille/ „Steinschleuder"

Eine zugegebenermaßen primitive, aber dennoch sehr effektive und kompakte Verteidigungswaffe mit großer Reichweite und je nach Übung beachtlicher Treffsicherheit. Wird oft zum Auswerfen eines Köders beim Angeln genutzt. Zubehörteile wie Schleudergummis sind in verschiedenen Zugstärken günstig erhältlich. Als Effektive Munition eignen sich Metallkugeln oder ersatzweise Muttern, Steine oder andere harte rundliche

Objekte.
Die Wucht, mit der die
„Projektile" auftreffen,
ist nicht zu unterschät-
zen bis hin zu tödlich
bei Kopftreffern. Jeden-
falls lässt sich damit ein
Angreifer hinreichend
verletzen und abweh-
ren.

Teleskop-Schlagstock

Ein ausziehbarer
Schlagstock, robust und
effektiv. Er hält Gegner
zuverlässig auf Distanz
und kann schwere Ver-
letzungen verursachen.

Kubotan

Kompakte stiftförmige
Verteidigungswaffe, die
ursprüngliche für weib-
liche Polizisten in den
USA entwickelt wurde
und einerseits als
Schlagkraftverstärker
und Handknöchelschutz
fungiert, aber auch über

eine abgerundete Spitze enorme lokale Traumata bzw. Prellungen verursachen kann. Darüber hinaus kann mit wenigen gezielten Schlägen eine immense Mannstoppwirkung entfaltet werden (Schläge auf die Hände beispielsweise). Schläge gegen den Kopf sind mit hoher Wahrscheinlichkeit sogar tödlich.

Sonstiges Equipment

- EDC-Survival-Kit (ABSOLUT WICHTIG! Sollte am Körper getragen werden!)
- Nässeschutzhülle (für den Rucksack) oder ein Regenponcho
- Kunststoffboxen, Stoffbeutel, Plastiksäcke, Zip-Beutel etc. (Als Ordnungshilfen im Rucksack)
- Schal- oder Dreieckstuch

zusätzliche und spezielle Ausrüstung

Im Folgenden eine Auflistung von Gegenständen, Werkzeugen und Hilfsmitteln, die dein Überlebenssystem mit entscheidenden Tools erweitern könnte und an die nur selten bis gar nicht gedacht wird. Dies soll dir eine Inspiration sein, auch an das Undenkbare denken zu lernen und deiner Vorstellungskraft, was du über die Empfehlungen dieses Ratgebers hinaus, noch alles einkalkulieren könntest.

Dietrich-Set

Es eignet sich zum knacken von Schlössern und öffnen von Türen oder zum Aufschließen von Truhen, Schatullen, Koffern und anderen Objekten. Dies kann dich aus misslichen Lagen befreien oder du wiederum andere. Du hast damit spontanen und unauffälligen Zugang zu Bereichen, die andere so einfach nicht erreichen können. Der Möglichkeiten des „Schlösserknackens", sind in Extremsituationen kaum Grenzen gesetzt.

Alternativ, effizient, etwas sperriger und schwerer, wäre eine gute alte schmiedeeiserne Brechstange! Die entsprechende Sachbeschädigung hinterließe allerdings zusätzlich unnötige Spuren.

Wurfanker + Seil

(10-20 m)

Ein solcher Wurfanker bietet völlig neue Perspektiven für den gewitzten Anwender. Hier ein paar Beispiele:

- Abseilen von Dächern, Balkonen entlang von Felsen oder von Bäumen
- Erklimmen von Bäumen etc. und Überwinden von Hindernissen wie Mauern oder Zäunen
- Auch für Flussüberquerungen geeignet)

Besorge dir am besten dazu:
- ■ Mehrere Karabinerhaken
- ■ Wurfanker werden meist mit einem Stahlseil ausgeliefert. Ein richtiges Kletterseil ist aber zu bevorzugen, muss allerdings irgendwie transportiert werden (Macht nur in entsprechendem Terrain und bei hinreichender Vorbildung einen Sinn. Dann sollte auch an diverse Kletterausrüstung (zum Beispiel einen sogenannten „Abseilachter" etc.) gedacht werden oder die Kenntnisse

vorliegen, diese Ausrüstung professionell zu improvisieren.

Taucherbrille

In der Nähe von Gewässern oder bei deren Durchquerung, aber auch am Meer bzw. in diversen Küstenregionen kann eine Taucherbrille sehr nützlich sein. Ebenfalls bei Rettungs- und Fluchtaktionen, welche die Durchquerung oder das Tauchen in Gewässern zweckmäßig machen. Unter Wasser sehen zu können, ist auch in von gefährlichen Tieren bewohnten Gewässern sehr sinnvoll. Eine Taucherbrille schützt zudem auch an Land zuverlässig die Augen, beispielsweise vor Staub in trockenen Gebieten (sowie allgemein vor Partikeln in der Luft) oder bei starkem Wind, Schneestürmen usw. Für richtige Wasserratten kann außerdem ein Schnorchel oder Schwimmflossen in Betracht gezogen werden. Ein Schnorchel erhöht die Dauer, die du abtauchen kannst effektiv, was zum Beispiel ermöglicht, sich in Gewässern zu verstecken, um Verfolger abzuschütteln, oder aber unerkannt gefährliche Gebiete auf dem Wasserweg zu durchqueren ohne auftauchen zu müssen. Flossen hingegen erhöhen deine Schwimmgeschwindigkeit im Wasser beträchtlich.

Gasmaske + Ersatz-Filter

Je nach Bedrohungsszenario während einer Flucht, kann auch eine Gasmaske nützlich werden. Diese gibt es als Halb- oder Vollmasken mit jeweils ganz unterschiedlichen Filterklassen für verschiedene Anwendungsbereiche. Je höher die Schutzstufe, umso effektiver gegen biochemische Bedrohungen und Strahlungen. Dies nur als Anreiz. Genauere Informationen zum Thema würden hier den Rahmen des Buches überstrapazieren. Informiere dich bei Interesse ausführlicher darüber, worauf du bei einer Gasmaske zu achten hast und finde heraus, welche deinen Bedürfnissen am besten entspricht, indem du zum Beispiel Expertenratschläge umsetzt.

Kugelsichere (bzw. stichhemmende) Weste

Sie schützen je nach Schutzklasse effektiv vor Messerstichen oder stumpfen Schlägen , sowie je nachdem, wie du die Weste ausstattest vor schweren Verletzungen vitaler Körperbereiche durch

Treffer mit Schusswaffen. Eine solche Weste hat meist ein relativ ordentliches Gewicht, kann aber definitiv Leben retten. Hier gilt das gleiche, wie bei Gasmasken, informiere dich bei Interesse sorgfältig über das Thema und ziehe notfalls fachkundigen Rat hinzu.

Nachtsichtgerät mit Vergrößerung

(Inklusive USB Ladekabel für solarbetriebene Powerbank!)

Es erhöht deine Sichtfähigkeiten bei Nacht und gewährleistet dir auch in völliger Finsternis den Durchblick und damit Überblick über die Situation. Das Nachtsichtgerät sollte sich bestenfalls am Kopf befestigen lassen, dass es sich wie eine Brille bei Bedarf herunterklappen und als optische Unterstützung einsetzen lässt. Es kann hervorragend bei der Aufklärung eines Gebietes und zur Arbeit im Dunkeln eingesetzt werden, um nur zwei Anwendungsbeispiele zu geben.

Zahlungs- oder Tauschmittel

Während der Flucht und allgemein in Krisenzeiten kann es natürlich vorkommen, dass du die Gelegenheit hast, mit anderen Menschen auf friedliche Weise zu interagieren, miteinander Informationen oder auch Waren auszutauschen.

Geld ist in vielen Szenarien, die zur Flucht veranlassen von relativ geringem Wert. Je nach Situation sind die herkömmlichen Währungen nahezu hinfällig, weil zum Beispiel inflationsbedingt wertlos etc.

Dennoch kann es sinnvoll sein, einige Scheine in der Tasche zu haben, falls dein Geld vorerst weiter als Zahlungsmittel anwendbar sein sollte.

Edelmetalle wie Gold, Silber oder auch Kupfer könnten noch eher als Zahlungsmittel funktionieren. Vorausgesetzt die Größe der jeweiligen Einheiten ist praktisch gehalten. Mit einem Barren wirst du nicht wirklich spontan handeln können und er wiegt zu viel. Nimm stattdessen lieber Münzen oder besser noch 1 Gramm Plättchen.

Wer Edelmetalle hat und damit gesehen wird, gibt leider im Ernstfall auch gleich die Einladung mit aus, bei Gelegenheit ausgeraubt zu werden. Vergiss nicht, dass die anderen Menschen oft keineswegs vorbereitet sind und dementsprechend zu stehlen und zu plündern neigen.

Es gibt eine ganze Reihe praktischer Optionen für den Tauschhandel sowie einige bewährte Tauschmittel, die zu allen Krisenzeiten einen hohen Stellenwert besaßen und vermutlich auch künftig besitzen werden.

Liste für unter Fluchtbedingungen bewährte Tauschmittel:
- Bargeld
- Edelmetalle
- Werkzeuge, Messer
- Bleistifte & Kugelschreiber, Papier
- Drähte (verschiedene Dicken)
- Honig, Zucker, Süßigkeiten
- Alufolie
- Feuerstarter, - Magnesium-Feuerstäbe
- Feuerzeuge, Benzinfeuerzeuge
- Feuerzeug-Gas/Benzin
- Petroleum
- Grill-/ Kaminanzünder
- Batterien

- Salz, Gewürze
- Kerzen und Teelichter
- Klebstoffe, Klebeband
- Medikamente, Erste-Hilfe-Kits
- Volleipulver
- Milchpulver
- Nähzeug, Nadeln, Garn usw.
- Rasierer, Rasierklingen
- Hygieneartikel
- Textilien (Decken, Klamotten usw.)

Deine Bildung, Berufserfahrungen, Fertigkeiten, Talente und eben alles, was du bist und kannst, kann als Tauschware eingesetzt werden.
Je unentbehrlicher du mit deiner persönlichen Dienstleistung in der jeweiligen Lage bist, umso höher ist die Chance, dass du für deine Leistung nicht nur gute Gegenwerte bekommst, sondern auch Schutz, Respekt und Dankbarkeit.
Jegliche Form des Handwerks, sämtliche Heilberufe, aber auch ein gelernter Friseur oder Bäcker kann seine Künste und Kenntnisse in der Krise an andere vermarkten bzw. als Dienstleistung gegen Waren eintauschen.

Alles, was du an Arbeitskraft, Wissen und Fähigkeiten anbieten kannst, wird in Notzeiten spezifischen Wert haben!

Epilog

Wie geht es nun weiter?

Wenn du es bisher versäumt hattest, dir ein Backup in Form eines wirklich praxistauglichen Fluchtrucksacksystems zu schaffen, ist jetzt die Zeit gekommen, damit loszulegen! Du verfügst nun über das entscheidende Grundwissen und die richtigen Infos, um das Thema selbst in die Hand zu nehmen. Wenn du die Inhalte des Buches sowie die präsentierte Packliste deinen Bedürfnissen und Prioritäten nach, umsetzt, wirst du effektiv für den Ernstfall gewappnet sein.

Nun werde ich noch auf ein paar Aspekte eingehen, die ich dir zusätzlich mit auf den Weg geben möchte.

Sammle Praxiserfahrung und stärke Körper und Geist, ehe der Ernstfall eintritt!

Es wird dir wenig helfen, einen bestens ausgestatteten Rucksack zu besitzen, wenn du diesen bloß in die Ecke stellst, aber im Zweifel keine Erfahrung mit ihm und seinen Inhalten gesammelt hast, ehe ein Ernstfall eintritt!

In diesem Sinne ist es wichtig, dass du regelmäßig trainierst! Simuliere also am besten regelmäßig diverse Szenarien und Ernstfälle und übe dich im Umgang mit deiner Ausrüstung. Je besser du mit ihr umgehen kannst, umso geschickter und erfolgreicher, wirst du in der Praxis sein, wenn es darauf ankommt.

Dies lässt sich im Alltag oder bei Wochenend-Ausflügen recht einfach realisieren. Du selbst weißt am besten, wann und wo du Gelegenheiten wahrnehmen kannst, zu trainieren. Wichtig ist nur, dass du sie auch nutzt und es nicht auf die leichte Schulter nimmst.

Das Marschieren bzw. Wandern mit deinem Fluchtrucksack gehört natürlich ebenfalls dazu, um deinen Körper auf die eventuellen Strapazen einer Flucht vorzubereiten.

Was uns zum zweiten Punkt führt, deiner körperlichen Fitness! Diese muss entsprechend so gut wie möglich ausgeprägt sein.

Zu dieser wiederum zählt nicht nur deine Kraft und Ausdauer, sondern auch deine Gesundheit an sich. Ernähre dich gut, mache regelmäßig Sport und achte darauf, dass du deinen Energiehaushalt nicht durch schlechte Gewohnheiten und Laster in einer Weise sabotierst, dass dir im Notfall nicht genug Power zur Verfügung steht, um die reellen Anforderungen zu meistern. Wenn du Sport treibst, trainiere möglichst realistisch und dynamisch. Du kannst im Fitnessstudio 150 Kg auf der Bank drücken und 100 Kniebeugen machen können. Dies sind auch tolle Fähigkeiten und steigern gewiss deine Kraftleistung, jedoch nützt dies unter Umständen im Ernstfall nicht viel, weil du einerseits eine Ernährungsweise angepasst sein wirst, die unter Extremsituationen schlecht durchführbar ist und du andererseits eventuell nach einem 50 km Marsch mit Gepäck durch unwegsames Gelände, den du einfach nicht gewöhnt bist, am nächsten Morgen mit Schmerzen in Sehnen, Muskeln und Gelenken aufwachst und der Weitermarsch, wenn überhaupt möglich, die reinste Qual wird. Gewöhne dich also an realistische Anforderungen und baue entsprechende Übungen in dein tägliches Training mit ein. So kannst du relativ sichergehen, dass du keine all zu großen bösen

Überraschungen in dieser Hinsicht erleben musst, wenn es keine Übung mehr ist.

Diese praktische Herangehensweise an die körperliche Vorbereitung wirkt sich übrigens auch automatisch sehr gut auf deine Mentalität aus! Du machst dich mit realen Anforderungen vertraut und wirst dadurch sicherer und gelassener im Ernstfall agieren können.

Das Mentaltraining an sich, stellt einen weiteren Aspekt dar, um den du dir buchstäblich Gedanken machen solltest! Fähigkeiten wie Achtsamkeit, innere Ruhe, Konzentration, aber auch Selbstdisziplin, Vorstellungs- und insbesondere dein Durchhaltevermögen, können selbstständig in jeder Lebenslage entwickelt und trainiert werden. Ebenso sind eine konstruktive Einstellung zu dir, zu deinem Leben und im Umgang mit Problemen essentiell wichtig. Programmiere deinen Geist auf die Entwicklung von Lösungen und lerne bewusst optimistisch zu denken.

Deine mentale Stärke ist mindestens ebenso wichtig, wie deine körperliche Leistungsfähigkeit und deine Ausrüstung.

Ich wünsche dir viel Erfolg bei der Gestaltung deines Überlebenssystems und natürlich deinem Training!

Deine Survival Coaches

Niclas Seiters & Michel Berger

Über die Autoren

Niclas Seiters ist hauptberuflicher Survival-Coach, Mental-trainer, psychologischer Berater und Autor. Für ihn ist Survival eine Lebenseinstellung und gleichzeitig eng mit einer umfassenden Natur- und Selbsterfahrung sowie mit Persönlichkeits- und Bewusstseinsentwicklung verbunden. So lebt und entwickelt er ganzheitliche Überlebenskonzepte, die oft klassische Vorstellungen bezüglich Survival revolutionieren. Er gibt seine Praxiserfahrungen in Coaching, Literatur und Seminaren an Interessierte weiter.

Michel Berger, ist Preppingexperte, Psychologie Liebhaber, ambitionierter Künstler und Autor. Ganz im Sinne der Academy pflegt und entwickelt er sein multidimensionales Survival-Mind-Set ständig weiter. Seine jahrelangen Erfahrungen im Survivalbereich und sein kreativer Geist bringen laufend innovative Überlebenskonzepte hervor. Seine Arbeit ist richtungsweisend für eine ganzheitliche Betrachtung dessen, was Survival ist, nämlich weit mehr als im Wald zu zelten. Er will, dass Du nicht nur vernünftig auf Extremsituationen in der Wildnis vorbereitet bist, sondern dein Leben zu meistern verstehst.

Mehr Survivalwissen unter:

www.Survival-Mind-Academy.com

Und in unseren Social-Media Kanälen!